강치야 독도야
동해바다야

주강현 지음

제주대 석좌교수, 국립해양박물관장, 아시아퍼시픽해양문화원장 등을 지냈으며, 한평생 우리 문화와 바다에 대해 연구하고 있습니다. 지은 책으로는 《해양실크로드 문명사》, 《독도강치 멸종사》, 《독도견문록》, 《제국의 바다 식민의 바다》, 《환동해문명사》, 《관해기》, 《등대의 세계사》, 《제주기행》, 《조기 평전》 등이 있습니다. 어린이책으로는 《주강현의 우리문화》, 《주강현의 제주도 이야기》, 《명태를 찾습니다》, 《조선사람 표류기》 등을 썼습니다.

천천히읽는책_48

강치야 독도야 동해바다야
주강현 선생님이 들려주는 우리 땅 독도 이야기
글 주강현

펴낸날 2021년 10월 25일 초판1쇄 | 2023년 9월 19일 초판3쇄
펴낸이 김남호 | 펴낸곳 현북스
출판등록일 2010년 11월 11일 | 제313-2010-333호
주소 07207 서울시 영등포구 양평로 157, 투웨니퍼스트밸리 801호
전화 02) 3141-7277 | 팩스 02) 3141-7278
홈페이지 http://www.hyunbooks.co.kr | 인스타그램 hyunbooks
ISBN 979-11-5741-267-9 73910
편집 전은남 | 디자인 이혜준 | 마케팅 송유근 함지숙

ⓒ 주강현 2021

이 책은 저작권법에 의하여 보호를 받는 저작물이므로 무단 전재 및 복제를 금지하며,
이 책 내용의 전부 또는 일부를 이용하려면 반드시 저작권자와 현북스의 허락을 받아야 합니다.

⚠ **주의** 종이에 베이거나 긁히지 않도록 조심하세요. 책 모서리가 날카로우니 던지거나 떨어뜨리지 마세요.

주강현 선생님이 들려주는 우리 땅 독도 이야기

강치야 독도야
동해바다야

작가의 말

이 책을 읽는 어린이들에게

　동해바다 외로운 섬 독도는 대한민국 바다영토의 상징입니다. 일본은 옛날부터 독도에 들어와 바다사자 강치를 잡아들여 멸종에 이르게 했습니다. 강치잡이를 핑계 삼아서 독도의 소유권을 일본 시마네현 소속으로 비밀리에 옮겼습니다. 일제의 식민지로 접어드는 시기에 우리도 모르게 불법으로 한 일입니다.
　그 이후로도 일본은 독도를 '다케시마'라고 부르면서 자기들 땅이라고 주장하고 있습니다. 이 책은 독도의 강치 멸종부터 독도의 역

사, 독도의 어머니 섬인 울릉도, 독도를 지켜 온 사람들 이야기, 동해 명칭에 이르기까지 독도를 종합적으로 이해할 수 있게 했습니다.

영토는 육지만이 아닙니다. 바다도 엄연한 해양 영토로서 소중합니다. 이 책을 통해 독도를 많이 생각하고, 일본의 야망에 맞설 수 있는 배움이 되길 희망합니다.

2021년
주강현

차례

이 책을 읽는 어린이들에게

1. 그 많던 강치는 어디로 갔을까   8

2. 우리가 잘못 알고 있는 독도   22

3. 독도의 어머니, 울릉도   46

4. 동해의 영웅 안용복   68

5. 일본의 끊임없는 욕심　　　　　　　　　　　90

6. 독도를 지킨 사람들　　　　　　　　　　　108

7. 바다를 잃으면 모든 것을 잃는다　　　　　124

한눈에 보는 독도와 울릉도의 역사　　　　　144

그 많던 강치는 어디로 갔을까 1

독도 이야기를 하기에 앞서 여러분에게 소개하고 싶은 친구가 하나 있습니다. 바로 '강치'입니다. 강치는 독도에 살던 해양포유동물입니다. 해양생물학자들은 바다사자라고 부르기도 합니다. 몸집이 크고 온몸에 아름다운 갈색 털이 난 동물로 알려져 있는데, 안타깝게도 지금은 멸종되고 말았습니다.

독도의 상징, 강치

독도에서 수천 년, 아니 수만 년 동안 평화롭게 살고 있었던 강치를 없애 버린 것은 바로 일본입니다. 일본인은 에도시대(1603-1868) 때부터 독도에 들어와서 강치를 잡았습니다. 우리나라에 통감부를 설치한 1905년부터는 강치를 더 마구잡이로 잡아들였습니다. 기름을 짜내고 가죽을 얻기 위해 잔인하게 잡아서 죽이고 결국은 멸종시킵니다. 박물관이나 생물관 등에 박제로 전시된 강치가 지금 우리가 볼 수 있는 유일한 강치입니다. 한국에는 박제조차 한 마리도 없습니다. 이렇듯 강치는 슬픔과 분노를 간직한 우리 땅 독도의 상징입니다.

강치 멸종의 슬픈 역사는 일본의 독도 지배 음모와 밀접하게 연관되어 있습니다. 그런데 일본은 강치를 잡아들인 역사를 자신들이 독도를 오랫동안 점거하였다는 증거물로 국제사회에 광고하는 중입니다.

8쪽 사진 설명 가제바위 쪽에서 바라본 독도 물골해안. 일제강점기인 1934년 1월 찍은 것으로 알려졌다. 독도강치가 멸종 직전인 시기의 사진이다.

강치 고향인 독도

독도는 강치가 쉬기에 좋은 바위가 많고, 난류와 한류가 뒤섞여 있어 먹이가 풍부합니다. 그래서 강치의 주요 번식지이자 서식지였지요. 독도의 동도와 서도 주변에는 크고 작은 바위섬 32개와 암초가 있습니다. 단단한 바닥에 붙어서 살아가는 해양생물에게는 다양한 서식처가 될 수 있습니다. 그렇기 때문에 해양생물을 먹이로 삼는 강치에게는 독도가 '천국'이었겠지요. 현재도 가제(강치의 또 다른 이름)들이 쉬던 가제바위가 증거물처럼 독도에 남아 있습니다.

독도 주변 암초에 오른 강치

독도 바다는 난류와 한류가 만들어 낸 복합적이고 겹겹이 쌓인 세상을 보여 줍니다. 구로시오(黑潮) 난류의 영향으로 독도 주변에 서식하는 생물이 같은 위도에 있는 동해안 다른 지역보다 제주도나 동해 남부와 비슷한 특성을 보여 줍니다. 북한한류와 대한난류계, 즉 북쪽에서 내려온 찬 바닷물과 남쪽에서 올라온 따뜻한 바닷물이 교차합니다. 그리고 그곳에 사는 북방어류와 남방어류 등 회유성 어족 덕분에 독도 어장이 풍부한 것이지요. 따뜻한 바다에 사는 강치가 독도에 살게 된 중요한 이유입니다.

독도에는 각종 어류는 물론이고 전복, 소라, 홍합 등의 패류와 미역, 다시마, 김, 우뭇가사리, 톳 등의 해조류와 해삼, 새우, 홍게 등이 서식합니다. 아울러 감태와 모자반, 대황군락이 숲을 이루고 있어 독도 바닷속은 또 다른 별천지라고 할 수 있지요.

독도는 그 자체로 동해의 꽃이며, 종 다원성의 보고이자 천연보호구역입니다. 뛰어난 해양 환경을 갖추고 있는 독도의 가장 소중한 생물체는 역시나 바다사자 '강치'였습니다. 독도 어부들은 강치를 '가제'라고도 불렀습니다. 그래서 독도는 '가제도' 또는 '가지도'라고 불리기도 했지요. 강치가 많이 나타났다고 해서 이름 붙여진 가제바위가 서도 북쪽에 있습니다. 고려와 조선시대 사람들은 강

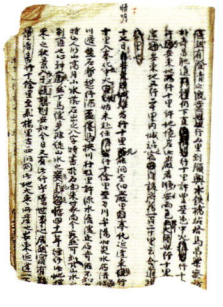

울릉도 검찰일기 검찰사 이규원이 울릉도를 다녀와 적은 일기다. 당시 울릉도 가는 길과 울릉도 주변 상황이 자세하게 기록되어 있다.

치에 대해 다양하게 기록해 놓았습니다.

> 이날 둘러본 각 포구의 해안에는 아홉 굴이 있었는데, 물개[海狗]와 물소[水牛]가 자라는 곳…….

조선시대 말 고종 임금 시절, 검찰사 이규원이 울릉도에 다녀온 뒤에 쓴 《울릉도 검찰일기》에 나와 있는 글입니다. 여기서 물개는 강치를 가리키는 듯합니다. 이 글은 당시 독도와 울릉도 해변에 강치가 많았다는 중요한 자료이기도 합니다.

일본 에도시대에 어부들이 독도와 울릉도에 들어와 강치를 잡은 역사도 있습니다. 그들은 강치를 잡아서 기름을 짜내고 가죽을 얻었습니다. 조선시대 때 강치잡이는 그 양이 적어서 멸종에 이르는

 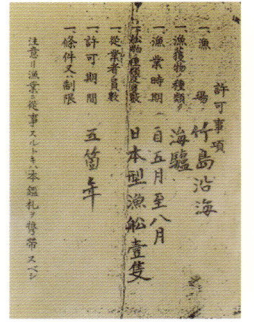 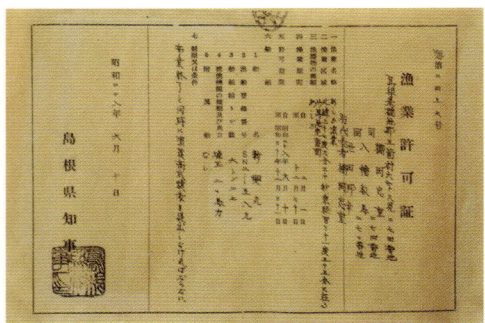

독도강치잡이 허가증

정도는 아니었습니다. 그러나 20세기 일본이 한반도를 강점하고 사냥이 산업화되면서, 조선시대에 그렇게 흔하던 강치가 현재는 단 한 마리도 남지 않고 모두 사라졌답니다.

독도 탐욕으로 빚어진 강치 멸종

20세기 초반, 나카이 요사부라고 부르는 강치잡이꾼이 있었습니다. 그는 독도 경영에 관한 독점적 요구를 담은 사업 경영서를 제출합니다. 1904년 일본 정부에 제출한 '독도 영토 편입 및 차용 청원'입니다. 내무성 담당자는 '독도가 한국령일 가능성이 있어서,

러·일 전쟁 중에 한국병합의 야심이 있다는 의혹을 살 수 있으므로 시기가 좋지 않다.'고 했습니다. 그러나 외무성은 독도에 망루를 설치하면 군사적으로 이익이 있으므로 편입을 강행하는 것으로 결론을 내립니다. 독도 강치잡이를 핑계로 독도를 빼앗을 궁리를 한 것입니다.

일본 정부는 나카이의 청원서를 계기로 독도 편입을 서두릅니다. 독도를 일본 영토로 편입시키려는 비밀공작을 펼치지요. 독도를 자기 지역에 편입시킨 시마네현은 '행동대원'에 지나지 않습니다. 나카이 청원서 자체도 고도의 정치 공략에 의해 작성되었을 것입니다.

청원서가 제출된 후, 일본은 1905년 2월 22일자로 독도를 일본 영토로 편입합니다. 한국 정부는 모르는 상태였지요. 아울러 같은 날 시마네현 고시 제40호를 발표합니다. 독도 병합은 관보에 공시되지 않아 우리에게 널리 알려지지 않았고, 해외에도 알려지지 않았습니다.

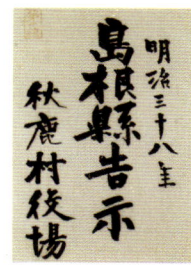

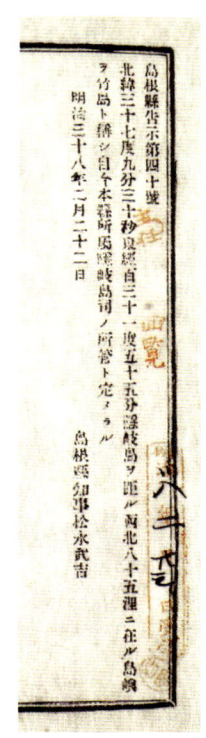

시마네현 고시 독도를 일본 시마네현에 비밀리에 '다케시마'로 편입시킨 문서

1905년 6월에 강치잡이 기업이 설립되어 조직적 사냥이 시작됩니다. 강치 어렵회사는 1904년부터 1941년까지 1만 6500마리를 잡아들입니다. 통계에서 알 수 있듯이, 남획으로 이미 1913년 이후로는 급격히 줄어듭니다.

남획으로 인해 1915년에는 불과 300마리만 잡힐 정도로 포획량이 급감하며, 1930년대에는 수십 마리 정도로 떨어집니다. 멸종 직전의 희귀종이 된 것입니다.

1930년대 초반에는 가죽용보다도 구경거리로 사용되었기 때문에 서커스 등 업자로부터 구입 의뢰가 늘어납니다. 수요에 따른 양을 확보하기 어려운 상태였습니다. 1935년 무렵에는 연간 포획량이 20~50마리까지 줄어듭니다. 전성기의 약 40분의 1정도지요. 산업적 강치 사냥이 거의 끝난 1940년대에 강치는 이미 사실상 멸종 상태였습니다. 이렇게 독도에 살던 강치는 안타깝게도 독도를 탐낸 일본 정부의 독도 편입 비밀공작으로 시작되어 일본 어부들에 의해 사라지고 말았습니다. 오늘날엔 독도뿐 아니라 지구상 어디에서도 강치를 찾아볼 수 없습니다.

일본 시마네현 홈페이지에는 독도가 일본 땅이라는 주장과 함께 일본인이 독도에서 강치를 잡는 사진이 버젓이 올라와 있습니다. 강치를 멸종시킨 자신들의 잘못된 행동을 자랑스럽게 홍보하는 모습에 화가 납니다. 독도가 자신들 땅이라고 주장하기 전에 해양 생물을 멸종시킨 것에 책임을 지고 반성부터 해야 합니다.

도도새의 멸종과 닮은 강치의 멸종

비바람 거세게 몰아치던 1667년 어느 날 새벽, 마지막 도도는 블랙리버 협곡의 차가운 바위턱 아래에서 비바람을 피하고 있었다. 도도는 힘없이 고개를 떨구고, 조금이라도 온기를 얻으려고 깃털을 세웠다. 힘겨운 고통을 간신히 견뎌 내며 눈을 가늘게 뜨고 앞을 응시했다. 그리고 묵묵히 기다렸다. 도도는 자신이 이 세상에 유일하게 남은 마지막 도도라는 사실을 몰랐다. 그것은 아무도 몰랐다. 이윽고 비바람이 그쳤을 때, 도도는 다시 눈을 뜨지 못했다. 그와 함께 도도는 멸종했다.

사라진 새 '도도'의 마지막 순간입니다. 볼품없이 몸집만 크고 비둘기 비슷하게 생긴 이 새는 인도양 모리셔스섬에서 오랫동안 살았습니다. 얼마나 오래 살았는지는 아무도 모릅니다. 아마도 수만 년은 넉넉히 살았을 것입니다. 도도는 진화에 성공한 사례였습니다. 도도는 모리셔스섬의 환경에 잘 적응했고, 다른 곳에서는 전혀 살지 않았습니다.

외부 침입자가 없는 '낙원'의 섬에서 진화해 온 도도는 별다른 천적이 없는 조건에서 생존의 위기를 경험하지 못했습니다. 몸집은 크고 둔했으며, 비행능력을 포기한 채 아장아장 걷는 것만으로도 충분히 생존할 수 있었습니다. 그러나 섬에 유럽인이 돌연 나타났을 때, 이 천진난만하고 태평스럽게 진화한 도도로서는 그들의 난폭한 사냥을 당해 낼 재간이 없었습니다.

도도는 생태학적으로 순진한 동물이었습니다. 끝내 도도는 '싹쓸이'를 당해 멸종했습니다. 진화는 수십만 년에 걸쳐 일어났지만, 종 멸종에 걸린 시간은 100여 년이면 충분했습니다.

도도새 인도양의 섬에서 번성하던 도도새. 실체는 사라지고 그림만 남았다.

    도도새가 고통을 간신히 견디며 눈을 가늘게 뜨고 앞을 응시했던 것처럼, 마지막 독도강치도 간신히 몸을 부지하다가 최후를 맞이했습니다. 그러나 그 누구도 강치의 최후를 지켜본 이는 없었습니다. 아니 살아생전에 수만 마리(어떤 이들은 8만여 마리라고 합니다.)가 모여 있는 독도강치를 사진에 담아 둔 사람조차도 없었습니다. 기록으로, 구전으로, '강치의 낙원'이던 독도의 풍경이 전해 올 뿐입니다.

    독도에 살던 강치들은 고립된 생태계에서 오랜 세월 독립적으로 살아 왔기에 도도만큼이나 생태학적으로 순진한 동물이었습니다. 외부 침입이 없는 '낙원'인 환동해 바위섬에서 진화해 온 강치는 도도와 마찬가지로 별다른 천적이 없이 평화롭게 살고 있었습니다. 그러나 섬에 일본인 어부들이 나타났을 때, 역시 천진난만하고 태평스럽게 진화한 강치는 난폭한 사냥을 당해 낼 재간이 없었습니다.

강치 이야기는 도도 이야기와 너무도 비슷합니다. 그런데 도도

생포당하는 강치 일제강점기에 일본인들이 강치를 잡고 있다.

와 강치를 둘러싼 이후 상황은 매우 다르게 진행되었습니다. 도도는 종 멸종으로 끝났지만, 강치는 섬 영유권을 둘러싼 험악한 싸움의 증거물로 채택되었기 때문입니다. 독도냐 다케시마냐 하는 논쟁이 그것입니다. 일본의 고유 영토였다는 증거 중에서 에도시대 때 독도 강치잡이, 나아가 메이지 시대의 강치잡이가 주요 근거로 제시되었습니다. 강치를 멸종시킨 매우 잘못된 행위에 대해서 일체의 반성이 없으며, 외려 강치잡이를 했던 역사를 근거로 독도가 일본 땅이라고 우겨 대고 있습니다. 강치를 멸종시킨 행위는 종 멸종을 가져온 반문명사적 사건인데도 일본은 지금껏 반성하지 않고 있습니다.

벗겨진 강치 가죽은 고작 가방이나 모자챙 따위 한심한 소모품을 만드는 데 쓰였습니다. 수만 마리 강치 떼가 일본 '도살업자들'에게 학살당했습니다. 그들은 강치 껍질을 벗기고 강치 기름을 짜서 씨를 말렸습니다. 아무도 학살 책임을 지지 않고 있습니다. 그러면서도 일본은 독도를 차지하고자 하는 야욕을 포기하지 않고 있습니다.

우리가 잘못 알고 있는 독도 2

우리나라와 일본이 독도 문제로 신경전을 벌이고 있다는 건 모두 알고 있겠지요? 그런데 작은 섬 하나가 두 나라 사이에 왜 문제가 되는지 정확히 알고 있는 사람은 의외로 많지 않습니다. '손톱만 한 섬 하나를 서로 가지겠다고 싸우다니, 정말 이해가 안 돼!'라고 생각하는 사람도 있을 것입니다. 자, 이제부터 독도에 대해 제대로 알아봅시다. 독도가 어떤 섬인지 알게 되면, 여러분도 당장 독도를 지키겠다고 나설지 모릅니다.

독도가 손톱만 한 섬이라고?

독도는 작은 섬입니다. 너무 작아서 어떤 지도에는 아예 나와 있지도 않을 정도입니다. 크기가 작다고 '그까짓 작은 섬'이라고 생각하는 사람들도 많은 듯합니다. 하지만 눈에 보이는 게 다는 아니랍니다. 우리가 볼 수 있는 부분은 작지만, 독도를 떠받치고 있는 해저 지형 그러니까 바다 밑에 잠긴 부분까지 치면 울릉도와 비슷한 크기입니다. 울릉도는 물속에 잠긴 부분이 뾰족하고 좁은 데 비해, 독도는 물속에 잠긴 부분이 아주 큽니다. '빙산의 일각'이란 말은 독도를 설명하는 데 딱 어울리는 표현이지요.

자, 독도의 해저 지형도를 한번 볼까요?

독도 해저 지형도

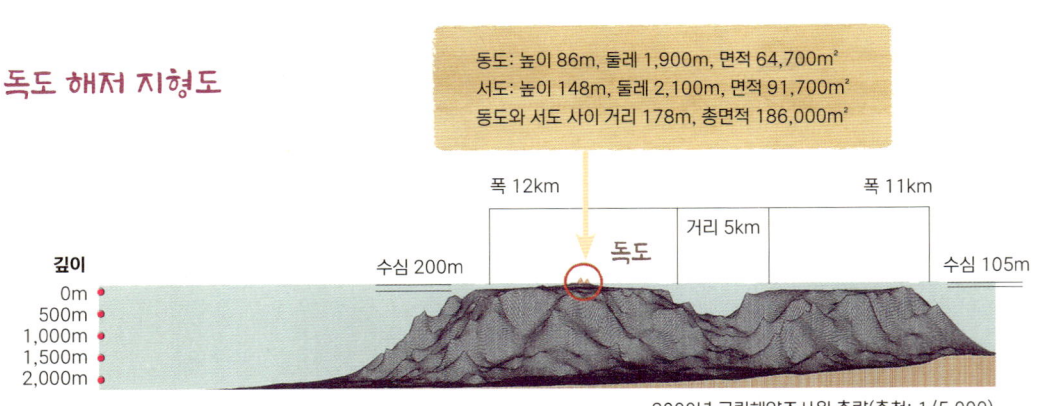

2000년 국립해양조사원 측량(축척: 1/5,000)

22쪽 사진 설명 남쪽에서 바라본 독도 전경. 사진 왼쪽이 서도, 오른쪽이 동도다. 동도의 정상에 등대와 경비대 숙소가, 아래쪽으로 독도 선착장이 보인다. 서도의 왼쪽 윗부분 가장 멀리 보이는 바위가 강치들이 쉬었다는 큰가제바위, 그 오른쪽이 작은가제바위다

높이 2000미터에 이르는 바다산 위에 조그마하게 솟아 있는 두 개의 봉우리가 바로 독도입니다. 봉우리가 조금만 덜 올라왔더라면 그저 물에 잠긴 암초에 불과했을 것입니다. 바다에 잠긴 부분이 정말 커다랗지요?

이번에는 3차원으로 나타낸 동해를 살펴봐요. 연두색을 띠는 백두대간(백두산에서 동쪽 해안선의 산맥을 거쳐 지리산까지 이어지는 우리나라 땅의 큰 줄기) 오른쪽으로 검푸른 동해가 보이나요? 그 가운데 뾰족하게 솟아 있는 섬이 울릉도입니다. 그리고 울릉도 동쪽으로 보이는 바다산 2개가 바로 독도입니다. 동해의 드넓은 해저면은 울릉 분지랍니다.

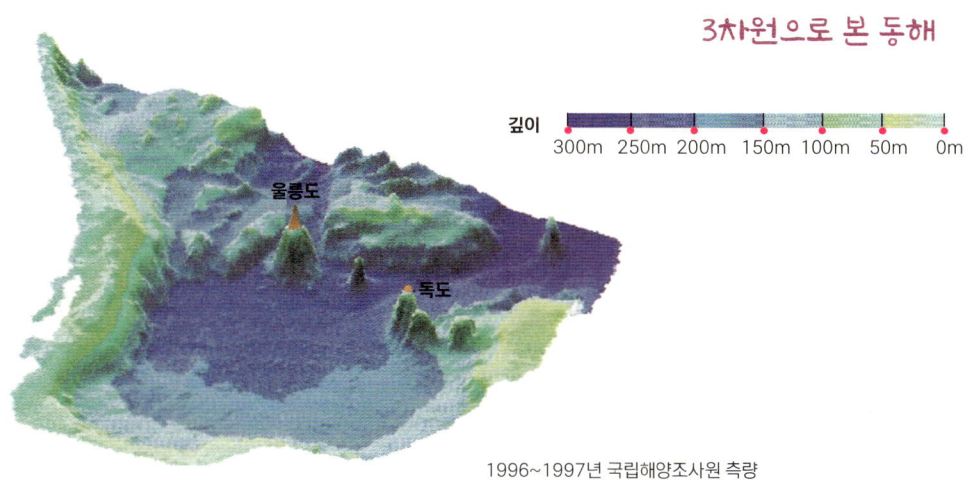

1996~1997년 국립해양조사원 측량

독도를 좀 더 자세하게 살펴볼까요? 약 12킬로미터에 이르는 바다산 위에 서도와 동도가 올라서 있고, 동쪽에 약 5킬로미터 거리의 움푹 파인 골짜기가 있습니다. 더 동쪽으로 가면 폭 11킬로미터의 바다산이 수심 105미터 아래 솟아 있습니다. 이 산은 봉우리가 바다 위로 올라와 있지 않아, 겉으로는 보이지 않습니다.

독도의 겉모습만 보고 얕잡아 보면 안 됩니다. 단지 크기만으로 '우리 땅의 막내'라고 무시하면 안 되겠지요. 하지만 고작 이런 이유로 우리나라와 일본이 독도를 놓고 다툼을 벌이는 것은 아닙니

정말 작은 섬, 오키노도리

중국과 일본 사이, 필리핀 북쪽에 오키노도리라고 하는 작은 산호초가 있다. 오키노도리는 크기가 침대만 한, 정말 작은 섬이다. 어찌나 작은지 해수면이 가장 높아지는 밀물 때에는, 바위 두 개만 수면에서 겨우 몇십 센티미터 얼굴을 내밀 정도다. 일본은 도쿄에서 1,730킬로미터나 떨어

진 이 섬도 자신들의 땅이라고 주장하고 있다. 사실 오키노도리는 섬이 아니라 암초에 불과하다. 하지만 일본은 바다 영토를 넓히고 해양 대국의 꿈을 이루기 위해, 엄청난 돈을 들여 오키노도리를 좀 더 큰 인공섬으로 만들었다. 오키노도리에 비한다면 독도는 손톱만 한 섬이 아니라, 진짜 거대한 섬이다.

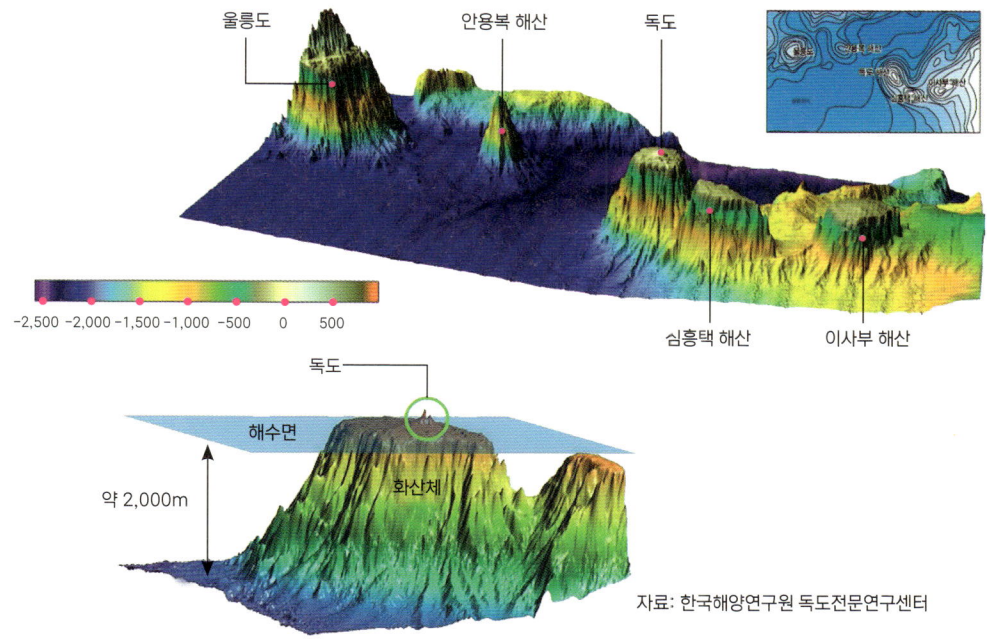

자료: 한국해양연구원 독도전문연구센터

작은 태평양인 동해의 독도

학자들은 동해를 '작은 태평양'으로 부른다. 규모는 작지만 수심 2,000미터가 넘는 심해저가 있기 때문이다. 독도는 쉽게 말하여 '소태평양'에 솟구친 작은 섬이다. 3차원 영상도를 통해 독도의 실체에 좀 더 가깝게 다가설 수 있다. 왼쪽이 한반도의 동해안이다. 백두대간이 힘차게 북쪽에서 남쪽으로 내려오는 모습이다. 검푸른 바다 가운데 솟아 있는 섬이 울릉도다. 거기서 동쪽으로 독도의 바다산 2개가 보인다. 동해의 드넓은 해저면이 울릉분지다. 바다산들이 달려가고, 울릉도와 독도가 그 위에 올라앉은 모양새다. 지형으로 볼 때, 독도 밑바닥의 지름은 약 20~25킬로미터 정도다. 독도에서 얼마 떨어지지 않은 동쪽에 2개의 화산섬이 해수면 105미터 아래에 있다. 수심 2,000여 미터에 달하는 심해저 위에 우람한 해산이 치고 올라온 셈이라, 독도의 물밑 뿌리도 같이 봐야 한다.

다. 일본이 독도를 호시탐탐 노리고 있는 이유는 따로 있답니다.

독도가 쓸모없는 섬이라고?

바다 밑은 수많은 어류와 해조류가 숨 쉬며 살아가는 곳입니다. 또 동해 깊은 곳에는 헤아릴 수 없을 만큼 많은 광물 자원이 묻혀 있습니다. 울릉도와 함께 동해바다를 지키고 있는 독도는 이런 풍부한 자원을 거느리고 있지요.

일본이 탐내는 것은 단지 바다 위에 올라와 있는 조그만 바위섬 독도가 아니라, 독도 둘레의 깊고 넓은 바다 자원입니다. 일본이 그렇게 탐내고 있는 독도의 중요한 가치를 이제부터 알아볼까요?

첫째, 독도 바다에는 물고기가 어마어마하게 많습니다. 독도 둘레의 바다는 북한한류와 대한난류, 즉 북쪽에서 내려온 차가운 바닷물과 남쪽에서 올라온 따스한 바닷물이 만나는 곳입니다. 물고기의 먹이인 플랑크톤이 많으니까 당연히 바닷물을 따라 물고기가 많이 모여들겠죠? 북쪽에서 내려온 물고기와 남쪽에서 올라온 물고기로 독도 바다는 늘 가득 차 있답니다. 그러니 독도를 얻게 되

불볼락떼

돌기해삼

용치놀래기

면 바다의 보물 창고를 갖게 되는 것이랍니다.

둘째, 독도 바다 밑에는 많은 광물 자원이 숨겨져 있을 것으로 짐작됩니다. 특히 하이드레이트(바다의 미생물이 썩으면서 생긴 메탄가스와 물이 결합해 만들어지는 고체 가스)라는 천연 고체 가스는 매우 가치 있는 자원입니다. 미래에 석유 대신 연료로 쓸 수 있기 때문이지요. 아직 모든 것이 밝혀진 것은 아니지만, 만약 하이드레이트가 묻혀 있다면 우리한테는 정말 소중한 자원이겠지요?

셋째, 독도는 살아 있는 지질 박물관이라고 할 수 있어요. 독도는 460~200만 년 전 세 차례에 걸쳐 화산이 터지면서 만들어진 섬입니다. 따라서 암석을 연구할 수 있는 중요한 곳입니다. 바다산이 바닷물 위로 모습을 드러내기란 전 세계에서도 드문 일이지요. 독도는 바다산의 진화 과정을 한눈에 보여 주는 섬으로, 지질학적으로 아주 중요합니다.

넷째, 독도 둘레는 일본, 중국, 러시아 같은 동북아시아 강대국들에게 군사적으로 중요한 바닷길입니다. 대한해협을 거쳐 연해주, 북해도, 북한 등의 항구 도시를 연결하는 바닷길의 중심이기도 하고요. 그래서 옛날부터 동북아시아의 강대국들이 독도를 호시탐탐 노려 왔습니다.

다섯째, 독도는 우리나라 동쪽의 가장 끝에 있는 땅입니다. 따라서 독도 둘레 200해리에 걸쳐 있는 바다 자원은 모두 우리나라 것이 됩니다. 다른 나라 배가 우리에게 허락받지 않고 이곳에서 고기를 잡게 되면 법을 어기는 것이지요. 그러니 독도가 우리 땅이 아니라면 정말 너무나 많은 것을 잃게 됩니다.

여섯째, 독도는 독립 생태계 지역이라 학술적으로도 가치가 큽니다. 한반도에서 멀리 떨어져 있어서 날씨와 자연환경이 육지와는 조금 다릅니다. 그래서 한반도 가까운 바다에는 없는 괭이갈매기나 흑비둘기, 멧비둘기, 바다제비, 슴새 같은 희귀한 동물이 많이 살고 있습니다. 더불어 먼 여행에 지친 철새들이 잠깐 쉬어 가는 구원섬 역할도 한답니다.

독도가 머나먼 섬이라고?

삼면이 바다로 둘러싸인 나라에 살고 있으면서도 우리 민족은 바다를 그다지 중요하게 생각하지 않았습니다. 오히려 바닷가에 사는 사람들을 천하게 여기기까지 했습니다. 그러다 보니 독도처럼 멀리 떨어져 있는 작은 섬에는 거의 신경을 쓰지 못했습니다.

대항해시대(15~17세기 유럽 몇몇 나라가 세계 여러 대륙을 탐험하던 시대)에 포르투갈이나 스페인, 영국, 네덜란드 사람들은 범선에 몸을 싣고 바람에 의지하면서 세계를 떠돌아다녔지요. 인도양과 태평양을 가로지르면서 섬들을 점령하고 식민지를 만들었습니다. 독도가 멀리 떨어져 있다고 생각하기 쉽지만, 태평양이나 인도양 한가운데 있는 섬들에 비하면 너무나 가까운 섬입니다. 동해의 어느 항구에서나 배를 타고 서너 시간만 가면 독도를 볼 수 있으니, 그야말로 엎어지면 코 닿을 만한 거리지요.

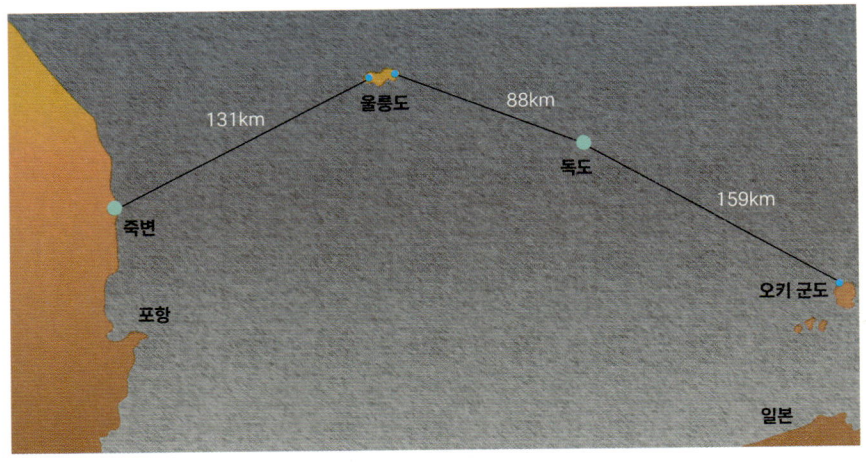

　독도는 한반도에서 정확하게 얼마나 떨어져 있을까요? 경상북도 죽변에서 울릉도까지의 거리가 131킬로미터입니다. 울릉도에서 독도까지는 88킬로미터입니다. 이걸 합하면, 한반도 육지에서 독도까지는 219킬로미터입니다. 서울에서 부산까지 이어져 있는 경부고속도로의 길이가 430킬로미터이니까, 서울과 부산보다 훨씬 가까운 거리랍니다.

　그럼 독도를 자신들의 섬이라고 우기는 일본과 독도는 어느 정도 떨어져 있을까요? 일본의 오키 군도에서 독도까지는 159킬로미터입니다. '어? 일본이 한반도보다 독도에 더 가까이 있잖아!' 하고 깜짝 놀랄 수도 있습니다. 그것은 사실 일본이 독도가 자신들의 땅이라고 주장하는 이유 가운데 하나이기도 해요.

　하지만 한반도의 동해안에서가 아니라, 독도 앞에 있는 우리 땅 울릉도에서부터 거리를 재야 합니다. 오키 군도에서 독도까지는 159킬로미터인데, 울릉도에서 독도까지는 88킬로미터밖에 되지 않습니다. 이렇게 따지면, 일본보다 우리나라가 독도에 훨씬 가깝

울릉도에서 보이는 독도

국제적으로 섬 영유권 분쟁이 있을 때는, 눈으로 섬을 볼 수 있는지 없는지를 아주 중요하게 따진다. 우리의 옛 문헌에는 울릉도에서 독도가 맨눈으로 보인다는 역사적 기록이 몇 개 있다.

　'우산과 무릉 두 섬은 서로 거리가 멀지 않아 바람이 잔잔한 맑은 날이면 바라다볼 수 있다.' 《고려사》 권58
　'우산과 무릉 두 섬이 울진현 정동의 바다 가운데 있다. 두 섬의 거리가 서로 멀지 아니하며 날씨가 청명하면 가히 바라볼 수 있다.《세종실록 지리지》 강원도 울진현조

우산과 무릉은 독도와 울릉도의 옛 이름이다. 위의 두 기록은 아주 중요하다. 우리 조상들이 매우 일찍부터 독도를 두 눈으로 목격하고 자신들의 섬으로 알고 있었다는 결정적인 증거다. 일본의 오키 군도에서는 결코 독도를 맨눈으로 볼 수 없으며, 어떠한 기록도 남아 있지 않다. 국제적 섬 영유권 분쟁이 있을 때, 눈에 보이는 경우와 보이지 않는 경우는 큰 차이가 있다.

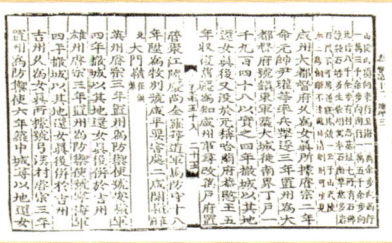

《고려사》 권58

습니다.

　날씨 좋은 날이면 울릉도 석포에서 독도가 아주 잘 보입니다. 독도는 새벽녘이나 해가 뜰 때, 비가 온 다음 날 수평선에 걸쳐서 모습을 드러내는데, 어떤 때는 온종일 보이기도 하지요. 울릉도 토박이 한 분은 "물마루에 떠오르는 독도는 혼자 보기 아까운 풍경"이라고 말합니다. 일본의 오키 군도에서는 결코 독도를 볼 수 없습니다.

　울릉도 사람들에게 독도는 기름진 '바다밭'이었습니다. 독도 둘레에서 고기를 더 많이 잡을 수 있었기 때문에 울릉도 사람들은 이 황금어장을 그대로 버려두지 않았습니다. 울릉도뿐만 아니라 육지에서도 독도까지 고기를 잡으러 오기도 했습니다. 강원도 묵호, 울진, 심지어 제주도에서도 부산과 포항을 거쳐서 해마다 물질을 왔습니다. 전라남도 여수 사람들도 독도로 고기잡이에 나섰습니다. 육지 안쪽에 사는 사람들에게는 멀리 있는 섬일지 모르지만, 바닷가 사람들에게는 아니었습니다. 그들에게 독도는 늘 배를 타고 나가 미역을 뜯고 전복을 따던 삶의 터전이었습니다.

34쪽 사진 설명 울릉도에서 맑은 날 맨눈으로 보이는 독도. 수평선에 아스라이 보이는 섬이 독도다.

독도가 이름 없는 무인도였다고?

독도와 울릉도의 이름은 시대에 따라 계속 변합니다. 크고 작은 역사적 사건을 겪으며 지명은 조금씩 변하기도 하고 완전히 달라지기도 하기 때문입니다.

독도는 언제부터 독도였을까요? 6세기 초 해상왕국 우산국이 신라에 복속하면서 우산국은 울릉도라고 불렸습니다. 그에 따라 울릉도에 딸린 섬 독도는 '우산'으로 불리게 되었지요. 《세종실록지리지》, 《고려사》, 《신증동국여지승람》 등에 나와 있는 지도를 보면 동해에 우산도와 무릉도가 있습니다. 우산도는 독도를 가리키며 무릉도는 울릉도를 가리킵니다.

조선시대 성종 임금 때는 독도를 '삼봉도'라고 불렀습니다. 독도가 세 봉우리로 보였기 때문입니다. 정조 임금 때는 독도를 '가지

우리는 독도를 어떻게 불러 왔을까?

우산도(于山島) 512년 ▶ 삼봉도(三峯島) 1471년 ▶ 가지도(可支島) 1794년 ▶ 석도(石島) 1900년 ▶ 독도(獨島) 1906년

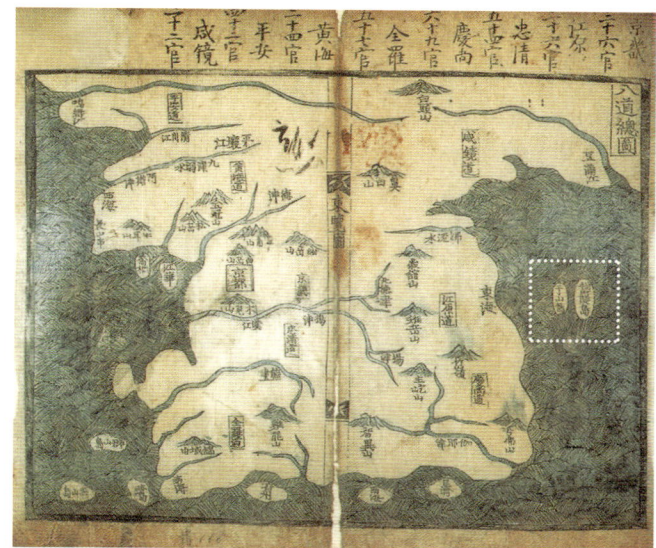
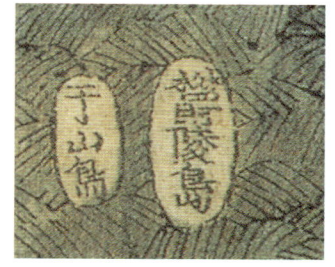

팔도총도 1530년에 완성된《신증동국여지승람》에 실린〈팔도총도〉. 독도는 강원도 동쪽 바다 가운데 우산도(于山島)로 표시되어 있으며, 울릉도 서쪽에 위치해 있다.

도'라고 불렀습니다. 가제(강치)가 많은 섬이라는 뜻이지요. 고종 임금은 1900년 울릉도의 관할 구역을 을릉도 전체와 죽도 및 석도로 정했습니다. 석도는 지금의 독도를 가리킵니다. 1906년 울릉군수 심흥택이 '독도'라는 이름을 처음 사용했습니다.

그런데 옛날 지도를 보면 우산도(독도)가 울릉도 안쪽, 즉 서쪽에 그려져 있어 헷갈립니다. 지도를 잘못 그린 것입니다. 하지만 두 섬이 거의 모든 지도에 나와 있는 걸 보면, 우리 조상들도 울릉도와 독도를 중요하게 생각했던 듯합니다.

삼국접양지도 1785년 일본의 지리학자 하야시가 그린 〈삼국접양지도〉 부분. 동해를 '조선해(朝鮮海)'라고 썼고, 울릉도를 '죽도(竹島)'라고 썼다. 울릉도 오른쪽에는 작은 섬을 그려 넣어 독도를 표시했다. 두 섬 모두 조선 땅과 같은 노란색으로 칠해져 있다.

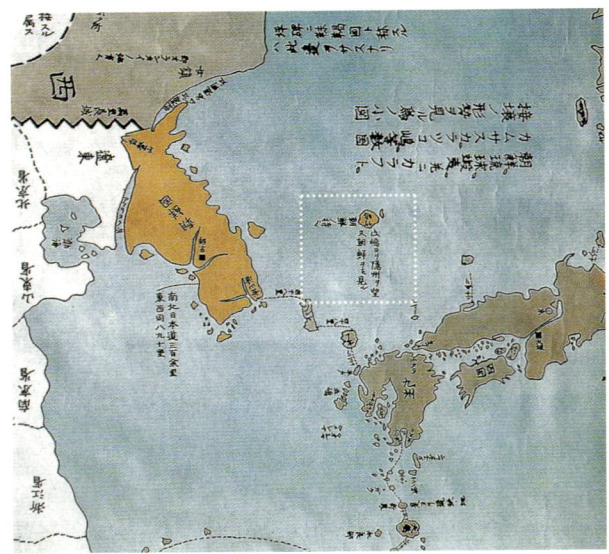

　현재 일본은 독도를 다케시마(竹島, 죽도)라고 부릅니다. 하지만 처음부터 독도를 죽도라고 부른 건 아니었습니다. 옛날에 일본은 울릉도를 죽도라고 부르기도 했습니다.

　19세기 초반 일본의 상인 다케시마 이치가쿠가 러시아 블라디보스토크에 다녀오다가 울릉도를 발견했습니다. 그는 울릉도를 사람이 살지 않는 섬이라고 생각하고는 제멋대로 '송도'라도 이름 붙였습니다. 그리고 일본 정부에 '송도 개척 의견서'를 올렸습니다.

　또 시마네현 출신의 한 사무라이는 '죽도 도해 지원', 즉 죽도로 건너가겠다는 지원 서류를 올렸습니다. 그는 울릉도의 울창한 숲을 벌목해 큰돈을 벌겠다고 생각한 듯싶습니다. 그가 죽도라고 한 섬 역시 독도가 아니라 울릉도였을 것입니다. 독도가 나무가 많은 섬은 아니니까요.

　이러한 보고를 받은 일본 정부는 곧바로 조사에 들어갔습니다. 그 결과 송도가 조선 땅이며, 죽도(독드)는 그저 돌섬에 지나지 않는다는 것을 알게 되었습니다. 그때 일본 정부는 이 두 섬이 일본 땅이 아니라고 인정했습니다.

　그런가 하면 19세기 말에는 일본 어부들이 울릉도에 들어와 고기를 잡은 일이 있습니다. 조선 정부가 이 일을 일본 외무성에 항의했을 때, 사실 일본은 독도와 울릉도를 헷갈리고 있었습니다. 섬은 하나인데 이름은 두 개인지, 아니면 섬은 두 개인데 이름이 같은 것인지 몰랐던 것입니다. 일본은 울릉도와 독도가 정확히 어디에 있는지를 알지 못했습니다.

도해 금지 경고판 1837년에 만들어진 이 경고판에는 하지 우에몬이라는 사람이 바다를 건너 독도에 간 일로 처형되었다고 적혀 있다. 일본이 독도에 건너간 사람을 처형까지 할 정도로 엄격하게 다스렸다는 것을 알려 주는 증거다.

일본 정부는 부랴부랴 조사해 자신들이 그동안 송도라 불렀던 섬은 조선의 울릉도이며, 죽도라 불렀던 섬은 바로 옆의 작은 섬 독도라는 것을 알게 되었습니다. 이때 일본은 '독도와 울릉도가 자신의 영토 바깥'이라는 문서를 만들었습니다. 이것은 독도가 한국 땅임을 분명히 한 중요한 문서랍니다. 하지만 현재 일본 정부는 자기 조상들이 만든 이 문서를 인정하지 않고 있지요.

울릉도와 독도 둘레 바다에 일본인이 자꾸 들어오자, 대한제국

돌섬, 독섬, 석도, 독도

돌섬, 독섬, 석도, 독도는 모두 독도를 가리키는 말이다. 우리말에서 '돌', '독', '석'은 모두 돌을 뜻한다. 한 예로 서해안과 남해안에는 '돌살'이라는 전통 고기잡이법이 널리 분포되어 있는데, '돌살'은 '돌발' 또는 '석전'이라고 불리기도 하고, 현지 어민들은 '독살'로 많이 부른다. '돌'을 '독'으로 발음하기 때문이다. 이와 마찬가지로 '돌섬'이 '독섬'으로, '독섬'이 '독도'가 되었다.

독도를 한자로 쓰면서 '외롭게 떨어져 있다'는 뜻으로 외로울 '독(獨)' 자를 붙인 것이다. 독도에는 오래전부터 전라도 사람들이 많이 들어와 있었기 때문에 돌을 '독'으로 발음한 것으로 짐작된다. 석도 즉 돌섬은 독도를 뜻한다. 석도와 독도가 발음만 다른 같은 말이라는 것은 독도 문제 해결에 아주 중요한 사실이다.

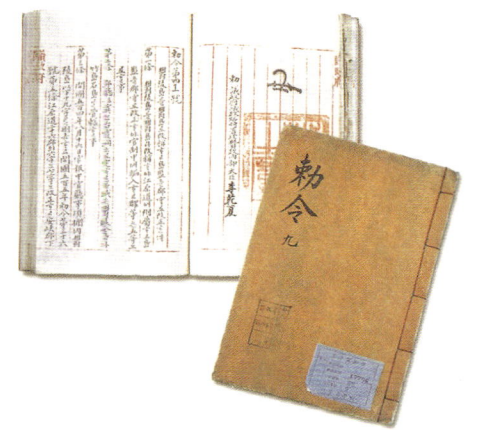

칙령 1900년 10월 25일 의정부의 의결을 거쳐 반포된 칙령이다. 울릉도에 군수를 보내고, 이 군수가 다스릴 구역을 울릉도 전체, 죽도, 석도(독도)로 정한다고 적혀 있다.

시대에 우리 정부는 독도를 울릉군에 포함했습니다. 그때까지 독도는 무인도라는 이유로 행정 구역에도 포함되지 않았던 것이죠.

> 군청 위치는 태하동으로 정하고 구역은 울릉 전도와 죽도(竹島)와 석도(石島)를 관할할사……. 《구한국관보》 1716호

여기에서 죽도는 울릉도 근처에 있는 현재의 죽서도를 말합니다. 석도는 돌섬, 즉 독도를 말하고요. 그런데 요즘 일본은 '석도'가 울릉도 둘레에 있는 암초를 말한다고 우기고 있습니다. 뭘 모르고 하는 말입니다. 우리말에서 '돌'이 '독'으로도 발음된다는 것을요.

독도의 자연환경

탕건봉

독도는 동도와 서도, 두 개의 섬으로 되어 있다. 섬 둘레에는 서른두 개나 되는 작은 섬이 딸려 있다. 이 작은 섬들의 주변 바닷물은 깊이가 10여 미터도 되지 않는다. 독도의 총 면적은 18만 6000제곱미터로, 평수로 따지면 5만 6000여 평이다. 그중 동도가 2만 평 정도이고, 서도가 3만 평 정도 된다. 등대와 경비대가 있는 동도와 달리, 서도는 험하고 비탈이 많다. 그래서 실제로 독도에서 사람이 안전하게 살 수 있는 곳은 2만 평 정도라고 볼 수 있다.

옛날에는 서도에 아예 사람이 살지 못했다. 하지만 1997년 서도에 어민 숙소가 세워지면서 현재 어민들이 살고 있다. 어민들은 주소지를 독도로 옮기고 '경상북도 울릉군 독도리'라는 문패를 달기도 했다. 독도가 우리 땅임을 분명히 밝히기 위해 서도의 험난한 자연환경을 견디는 중이다.

이렇게 작은 섬 독도는 지금으로부터 약 460만~200만 년 전 시기인 신생대 플라이오세(Pleiocene)에 용암이 터지면서 생겨났다. 울릉도가 250만 년 전에 생겼고, 우리나라에서 가장 큰 섬인 제주도가

삼형제굴바위

촛대바위

120만 년 전에 생겼으니, 크기는 작을지라도 세 섬 가운데 독도가 맏형인 셈이다.

그런가 하면 독도는 화산재와 암편이 쌓여서 만들어진 화산섬이다. 화산 지대에서 흔히 볼 수 있는 단층 구조와 주상절리가 발달한 암석으로 되어 있다. 경치는 아름답지만, 침식이 빠르게 진행되고 있다. 화산재가 쉽게 부서지는 성질이 있기 때문이다. 그러니 많은 이들이 독도를 오가면 섬이 다 부서져 버릴지도 모른다. 그래서 지금은 독도를 여행하고 싶어 하는 사람들을 아주 조금씩만 받아들이고 있다.

화산섬 독도에는 멋진 모습을 자랑하는 바위들이 많은데, 그 이름도 참 재미있다. 가제(강치)가 자주 나타났다는 가제바위, 시원스럽게 뚫려서 늘상 파도에 깨지고 있는 삼형제굴바위, 사람의 얼굴을 닮았다고 하여 이름 붙여진 얼굴바위, 독립문처럼 생긴 독립문바위, 동도와 서도 사이에 촛대처럼 서 있는 촛대바위, 독도 수비대원들이 미역을 많이 땄던 미역바위…… 이름만큼이나 독도의 풍경을 멋지고 재미있게 만드는 바위들이다.

독도의 바위들

큰가제바위
작은가제바위
지네바위
김바위
탕건봉
물골
독립문바위
삼형제굴바위
군함바위
서도
미역바위
닭바위
넙덕바위
촛대바위
천장굴
한반도바위
물오리바위
동도
독립문바위
보찰바위
숫돌바위
얼굴바위
부채바위
촛발바위

ⓒ외교부

산쑥

섬장대

화산섬이긴 하지만 오랜 세월이 지나면서, 꽃과 나무가 자라기 시작했다. 지금은 해국을 비롯해 60여 종의 풀과 나무가 있다. 그런데 바람이 많아서인지 식물들의 키가 하나같이 작아서 꼭 웅크리고 있는 듯한 모습이다. 민들레, 괭이밥, 쇠비름, 명아주, 질경이 같은 풀꽃과 곰솔(해송), 섬괴불나무, 붉은가시딸기, 줄사철, 동백 같은 나무가 자라고 있다.

독도의 날씨는 어떨까. 동해바다 한가운데 우뚝 솟아 있는 독도는 늘 모진 바닷바람과 안개, 비에 에워싸여 있다. 겨울에 눈도 많이 오고, 살을 에

풍란

독도해국

ⓒ위키피디아 ⓒ외교부

갯괴불주머니 땅채송화

는 듯한 찬 바람이 불면 섬 안의 모든 것이 꽁꽁 얼어붙기도 한다. 그러나 신기하게도 온난한 해양성 기후의 특징을 함께 갖고 있다. 한류와 난류가 만나는 곳에 위치하고 있기 때문이다. 차가운 바닷바람이 불어올 때도 바다 밑은 상대적으로 따스하다. 독도바다에 돔 같은 아열대성 물고기들이 살 수 있는 것은 그 때문이다. 여러 가지 돔이 떼 지어 겨울을 나는 모습은 제주도 서귀포에서나 볼 수 있는 풍경이다.

괭이갈매기 어미와 새끼

ⓒ외교부

3 독도의 어머니, 울릉도

일본이 우리 땅에 욕심을 부린 것은 독도만이 아닙니다. 역사를 거슬러 올라가 보면 일본은 울릉도를 자기네 땅으로 만들려고 한 적도 있습니다. 울릉도와 독도는 따로 떼어서 생각할 수 없습니다. 울릉도가 없었으면 독도도 지키기 어려웠을 것입니다. 울릉도를 잘 알지 못하고 독도를 이야기하는 것은 역사의 절반만 보는 것입니다.

선사시대에도 울릉도에 사람이 살았을까

'신라 제22대 지증왕이 이사부에게 우산국을 정벌하게 했다.'는 512년의 기록이 있습니다. 울릉도가 처음 우리나라 문헌에 등장하지요. 그렇다면 울릉도 역사가 이때부터 시작된 것일까요? 하지만 그 이전에도 사람들이 살았다는 증거가 발견되고 있습니다. 과연 언제부터 울릉도에 사람이 살았을까요?

울릉도에서 발견된 무덤이나 유적을 살펴보면 많은 부분이 선사시대의 것으로 짐작됩니다. 현포리·남서리·저동리에서 고인돌이 나왔고, 현포리에서는 민무늬토기와 간석기도 발견되었습니다. 이 유적을 본 고고학자들은 늦어도 청동기시대부터는 울릉도에 사람이 살았을 거라고 말합니다. 또한 떼무덤이 있는 것으로 보아, 아주 오랜 시간에 걸쳐 사람들이 무리 지어 살았을 거라고 추측하고 있습니다.

선사시대 사람들은 매우 활발하게 울릉도를 드나들었던 듯합니다. 물물교환을 위해 수십, 수백 킬로미터를 항해했다는 사실이 밝혀졌으니까요. 《삼국지》〈위지 동이전〉에는 이런 글이 나옵니다.

46쪽 사진 설명 울릉도 북면. 코끼리 바위 뒤로 울릉도가 안개에 덮여 있다. 자연이 주는 자원이 풍부한 울릉도는 한때 신선이 사는 꿈의 섬으로 여겨지기도 했다. 독도는 항상 울릉도와 묶여서 생각되어 왔으며, 독도를 얘기하면서 울릉도를 빼고 할 수는 없다.

내수전 전망대에서 바라본 울릉도 저동항 풍경 울릉도를 대표하는 어항이다.

우리나라 어떤 사람이 언젠가 배를 타고 고기잡이를 하다가 바람을 만나서 수십 일 표류하여 동쪽 섬에 닿았다. 그 섬에는 사람이 살고 있었는데, 말이 통하지는 않았다. 그들은 해마다 칠월이 되면 소녀를 뽑아서 바다에 빠뜨린다고 했다.

이 기록에 나오는 '동쪽 섬'이 우산국이 틀림없다고 하는 학자들이 있습니다. 그것이 사실이라면 늦어도 2세기쯤부터 울릉도에 사람이 살았다는 증거가 됩니다. 물론 그 전에도 사람들이 살았을 테지만, 아쉽게도 이전의 기록은 아직 발견되지 않았습니다.

하지만 우산국이 선사시대부터 바다를 무대로 생활하던 원주민이 세운 나라였다는 것만큼은 확실하게 증명되었습니다. 우산국은 아마도 해상왕국이었을 것입니다. 신라의 이사부가 쳐들어가기 전까지 울릉도는 스스로 고유의 문화를 발전시키고 있었습니다.

신라와 울릉도는 어떤 관계였을까

신라는 왜 우산국을 쳐들어갔을까요? 아마 그럴 만한 이유가 있었을 것입니다. 우산국의 힘이 신라를 위협할 만큼 세졌든지, 아니면 뭔가 얻을 만한 게 있으니 험한 바다 동해를 가로질러 군사를 보냈겠지요. 옛 기록을 한번 찾아볼까요.

여름 6월에 우산국이 귀순하고 해마다 토산물로 조공을 바치기로 하였다. 우산국은 명주(지금의 강원도)의 정동쪽 섬으로, 울릉도라고도 한다. 섬 둘레는 백 리인데 지세가 험한 것을 믿고 항복하지 아니하였다. 하슬라(지금의 강릉) 군주인 이찬 이사부가 말하기를, 우산국 사람들은 미련하고도 사나워서 굴복하지 않기 때문에 꾀를 내어 굴복시킬 수 있다

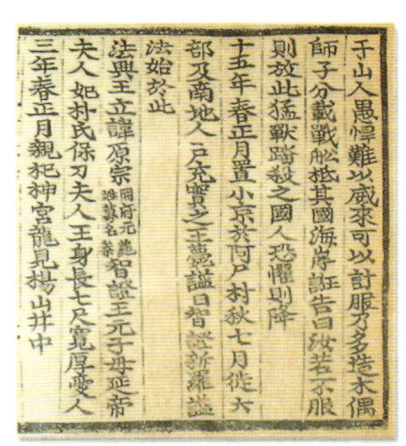

삼국사기 우산국 사람들에 대한 묘사와 나무사자를 만들어 우산국 사람들을 위협한 일이 기록되어 있다.

3. 독도의 어머니, 울릉도 **51**

고 하였다. 허수아비 나무사자를 만들어 전함에 나누어 싣고 우산국 해안에 이르러 거짓으로 말하기를, '만약 너희들이 항복하지 않으면 이 맹수를 풀어놓아 너희들을 밟아 죽일 것이다'라고 하였더니 그 나라 사람들이 겁을 먹고 항복하였다. 《삼국사기》 권4

우산국 사람들을 나무사자로 위협해서 굴복시켰단 말이 좀 우습지요? 이 나무사자는 그 당시 신라의 '신무기'였어요. 아무튼 힘으로 항복시킬 수 없어서 꾀를 써야 했다는 걸 보니, 우산국이 만만한 나라는 아니었던 듯합니다. 비록 작은 섬이지만 당당한 독립 해상왕국이었던 것이죠.

그럼, 그때 독도는 어땠을까요. 안타깝게도 독도가 나오는 기록은 없습니다. 하지만 우산국이 해상왕국이었다면 독도는 우산국에 속해 있었을 것입니다. 우산국 사람들은 바다에서 활발히 활동했으므로 바로 옆에 있는 독도를 당연히 보았겠지요. 우산국이 신라에 복속되면서 울릉도로 이름이 바뀌고, 독도가 그 이름을 넘겨받아 '우산'으로 불린 걸 보면 알 수 있어요. 당시에도 독도는 울릉도에 딸린 섬이었습니다.

요즘 사람들은 선사시대나 고대 사람들의 해상 활동을 별것 아니라고 여길 수 있습니다. 그러나 그 시대는 육로보다 해상으로 더 활발히 활동하던 때입니다. 도로가 제대로 갖추어지지 않은 데다 육지에서는 다른 나라의 침략이 잦았기 때문에 사람들은 해상 교통을 더 안전하고 빠르다고 여겼습니다. 해류나 해풍 때문에 사람이 죽거나 배가 부서지고 가라앉는 일이 종종 벌어지는 데도 말이죠. 해상왕국 우산국 사람들에게도 독도를 드나드는 일이 그리 어렵지 않았을 것입니다.

울릉도에 살았던 선사시대 사람들은 누구였을까

울릉도에서는 선사시대의 유적과 함께 역사시대의 유적도 발견되었다. 선사시대 유적인 고인돌과 민무늬토기는 울릉도에서도 가장 넓고 완만하며 바다를 바라보는 곳에서 주로 발견되었다. 반면 역사시대 유적인 무덤군은 울릉도 모든 지역에 골고루 퍼져 있어서 남서리, 남양리처럼 매우 가파른 지형에서도 발견되었다.

울릉도에서 발견된 역사시대 무덤은 신라시대의 무덤과 거의 비슷하다. 어느 무덤도 일본 것과 비슷하지 않다. 이는 울릉도의 문화가 선사시대와 고대 사회 때부터 한반도와 아주 가까웠다는 증거다. 울릉도 문화가 한반도 본토와 비슷하다면, 울릉도에 살던 옛사람들은 당연히 우리 조상일 가능성이 크다.

남서리돌무덤

우산국은 신라에 항복하고 울릉도로 이름이 바뀐 뒤에도 독립적으로 살았습니다. 신라로서도 울릉도가 너무나 멀리 있어 사사건건 간섭할 수 없었습니다. 사실 울릉도에 엄청난 보물이 묻혀 있는 것도 아니니 그럴 필요도 없었을 테지요.

굽다리접시 울릉도 서면 남양동에서 나온 신라풍의 굽다리접시. 6세기 중반에 만들어져 울릉도로 들어왔을 것으로 추측된다.

신라는 울릉도로부터 조공을 받으며 적당히 다스렸습니다. 울릉도에서 발굴된 무덤이 통일신라 것과 비슷한 걸 보면, 울릉도는 신라의 문화를 받아들여 나름대로 자기만의 문화를 만들었던 듯합니다.

 ## 고려시대, 울릉도에서는 무슨 일이 있었을까

고려와 울릉도의 관계 또한 신라 후대와 다를 게 없었습니다. 후삼국 시절이던 고려 태조 임금 때, 울릉도는 고려에 사신을 보내어

토산품을 바쳤다고 합니다. 918년의 일입니다. 또 고려 덕종 임금 때인 1032년, 울릉성주는 아들인 부어잉다랑을 보내 토산물을 바치기도 했습니다. 그때까지도 울릉도는 독립적으로 살고 있었죠.

그런데 평화로웠던 울릉도에 커다란 사건이 벌어집니다. 1018년, 동북 여진족의 떼도둑이 동해를 건너 울릉도로 쳐들어온 것입니다. 동북 여진족은 오늘날의 두만강 유역에 살던 외적입니다. 여진족은 집과 밭을 망가뜨리고 사람들을 내쫓았습니다. 내쫓긴 울릉도 사람들은 동해안 쪽으로 피난했습니다. 여진족의 침략으로 울릉도뿐만 아니라 동해안 곳곳도 피해를 많이 입었습니다.

여진족은 왜 울릉도에 쳐들어갔을까요? 아마 그 전까지 여진족과 울릉도는 서로의 땅을 오가며 교역하고 정보를 나누었을 것입니다. 그러던 중 차츰 울릉도를 쓸모가 많은 섬으로 여기게 된 여진족은 울릉도를 아예 자신들의 손아귀에 넣으려고 한 것입니다.

울릉도를 차지하고 그곳에서 지내던 여진족은 이듬해 배 50여 척을 이끌고 일본 대마도로 쳐들어갔습니다. 여진족은 사람들을 죽이고 은 광산을 불태우더니 이윽고 남쪽의 이키까지 이르렀습니다. 이키에서도 여진족은 사람들을 죽이고 민가에 불을 지르고 곡물을 빼앗아 싣고 갔다고 합니다. 여진족은 여기에 그치지 않고 일본의 규슈까지 쳐들어갔지요.

 단 16일 만에 여진족은 일본 여러 섬에 어마어마한 피해를 주었습니다. 그들은 아마 울릉도를 징검다리 삼아 일본을 공격하기 위해 오랫동안 준비했던 것 같아요. 이렇게 바다 전쟁에 강한 여진족이 울릉도를 망가뜨렸으니 그 피해가 얼마나 컸을지 짐작할 수 있겠지요. 수많은 사람이 죽거나 붙잡혔고, 간신히 살아남은 사람들만이 동해안으로 옮겨 갔습니다.

발해 덕을 본 여진족

통일신라와 나란히 힘을 겨루던 발해는 신라를 거치지 않고 동해의 바닷길을 통해 곧바로 일본과 교류했다. 겨울에 부는 계절풍을 이용해 일본까지 갔던 것이다. 그런데 여진족의 침략 경로 지도를 보면 오늘날 러시아의 포세이트 항에서 일본 동해안에 이르는 지름길이 있다. 발해도 이 길을 이용했다. 당시 활발하게 해상 활동을 하던 발해의 바닷길 중간에 울릉도가 있으니, 발해와 울릉도가 교류하지 않았을까? 훗날 발해의 옛 땅에서 일어난 여진족이 동해를 거쳐 울릉도에 쳐들어온 것도 발해가 개척해 놓은 바닷길과 항해 정보 덕분일지도 모른다.

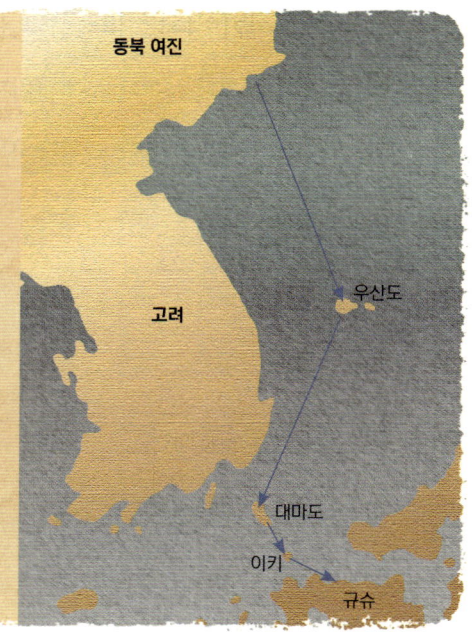

고려는 피난민을 돌보고 훗날 고향으로 돌아갈 수 있게 도왔으며, 임금의 명으로 울릉도에 농기구를 보내기도 했습니다. 고려시대에도 울릉도는 여전히 한반도의 통치를 받고 있었다는 것을 알 수 있지요. 울릉도가 어려운 일을 당했을 때 고려가 잘 보살폈기 때문에, 울릉도는 여진족의 침입이 있고 나서부터 더욱 고려에 의지하게 되었습니다.

그로부터 40년쯤 뒤 고려 의종 임금은 김유립이라는 관리를 울릉도에 보냈습니다. 임금은 울릉도가 땅이 넓고 기름져 백성들이 살 수 있다는 말을 듣고 알아보라고 한 것입니다. 하지만 김유립은 울릉도를 둘러보고 와서 이렇게 말했습니다.

토질을 보니, 암석이 많아 농민들이 살기에 적당하지 않습니다.

그러고는 이어서 이렇게 말했습니다.

섬 가운데 큰 산이 있고 산마루를 따라 동쪽 바다까지 1만여 보, 서쪽으로 1만 3000여 보, 남쪽으로 1만 5000여 보, 북쪽으로 8000여 보입니다. 마을의 흔적이 일곱 군데 있고, 석불·철

종·석탑이 많습니다. 《고려사》 권58

여진족의 침략을 받은 뒤 땅이 황폐해졌고, 사람들도 섬을 떠나 엉망이 돼 버렸던 것이죠. 그런데 울릉도에 석불, 철종, 석탑 같은 불교 유적이 남아 있는 걸 보면 울릉도에도 불교 신자가 있었던 듯합니다. 당시 울릉도가 고려 불교문화의 영향을 받았다는 것을 보여 줍니다.

고려는 그 뒤로도 끊임없이 울릉도에 관리를 보냈습니다. 1243년, 고종 임금 때에는 주민을 울릉도로 이주시키려 한 적도 있습니다. 《고려사》에 나와 있는 글을 한번 볼까요.

동해와 섬이 있는데 그 이름은 울릉이다. 토질은 기름지고 진귀한 나무와 해산물이 많이 나나 뱃길이 멀어서 왕래하는 사람이 끊어진 지 오래되었다. 그리하여 최이가 사람을 보내어 시찰케 하였더니 집터와 깨진 주춧돌 등이 완벽하게 남아 있었다고 하며,

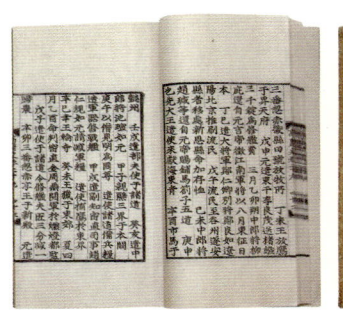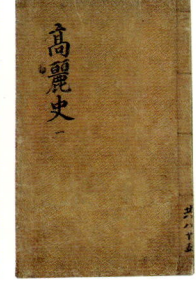

고려사 고려시대의 역사와 문화를 기록한 책

동쪽 지방의 군민을 이주시켰으나 그 뒤에 풍랑과 파도로 익사자가 많이 발생하므로 그만두게 하였다. 《고려사》권129

고려는 어려운 상황에서도 어떻게든 섬을 개척해보려 했지만, 결국 하지 못했습니다. 당시에는 울릉도까지 가는 것도 쉽지 않았겠지요. 하지만 3년 뒤 고려는 다시 대학자 권형윤을 울릉도 안무사(지방에 파견했던 관직 이름)로 보냈습니다. 또 고려는 자주 사람을 보내 나무를 베어 오기도 했습니다. 지금도 전해지는 고려대장경 판목에는 울릉도에서 베어 온 산벚나무와 돌배나무가 포함되어 있답니다.

이렇게 울릉도는 신라시대에 이어 고려시대에도 한반도와 끊임없이 관계를 맺고 있었습니다.

조선시대에는 왜 섬을 비우게 했을까

고려시대 말과 조선시대 초기, 우리나라를 비롯하여 중국, 오키나와 등 동아시아는 왜구 때문에 몸살을 앓고 있었습니다. 걸핏하면 쳐들어오는 왜구 때문에 바닷가는 물론이고 육지 깊숙한 곳에서도 사람들은 편히 살 수가 없었습니다. 최영, 이성계 모두 왜구와 싸우던 장군이었고, 세종 임금이 이종무에게 대마도를 치게 한 것도 왜구를 물리치기 위해서였습니다.

왜구의 침략에 시달리다 못해 섬 주민들을 육지로 나오게 했습니다. 왜구가 동해안 강릉까지 쳐들어와 문제를 일으키자, 1403년 조선의 태종 임금이 무릉도(울릉도) 사람들을 육지로 나오도록 한 것입니다. 이렇게 사람들을 모두 나오게 하여 섬을 비우는 것을 '공도 정책'이라고 합니다. 태종 임금은 공도 정책을 실시하기 전에 안무사 이인우를 보내 무릉도를 살펴보게 했습니다. 무릉도에 다녀온 이인우는 태종 임금에게 이렇게 말했습니다.

> 무릉도는 멀리 바다 가운데 있고 사람이 잘 왕래하지 않아 군역 기피자 혹은 도망자들이 들어가 있습니다. 만일 이 섬에 들어가 사는 사람이 많아지면 나중에는 일본의 떼도둑이 반드시 올 것이고, 강원도 역시 침략을 받게 될 것입니다.

이인우의 말을 들은 태종 임금은 곧바로 섬에 들어가서 우두머리를 달래어 데리고 나오라고 명령했습니다. 당시에는 본토와 섬 사이를 오가기가 쉽지 않아, 섬에 왜구가 나타나도 백성을 보호하기가 어려웠습니다. 또 때때로 죄를 짓고 도망친 사람들이 울릉도에 들어가 왜구인 척하며 지내는 경우도 있었습니다. 나라에서는

섬을 비우라!

왜구들의 노략질에 대비한 '섬 비우기' 정책, 즉 공도 정책은 애초에 섬을 포기하겠다는 것은 아니었다. 왜구로부터 입을 피해를 줄이기 위해 할 수 없이 생각해 낸 방법일 뿐이다. 왜구가 우리나라 해안에서 한창 극성을 부릴 때는 울릉도뿐 아니라 남해안의 완도나 진도 같은 섬들도 비워 두게 했다. 왜구가 섬에 쳐들어와 도둑질을 하는 것은 물론이고, 사람들을 잡아가 포로로 삼고 노예로 파는 일이 많았기 때문이다.

그러나 왜구의 침략이 사라진 뒤에도 나라에서는 섬에 사람을 살게 하지 않았다. 당시 나랏일을 하던 사람들이 섬과 바다를 그다지 중요하게 생각하지 않았기 때문이다. 우리에게 훌륭한 정승으로 알려진 황희도 섬을 포기하자고 했다. 조선 전기 문신인 유계문은 '울릉도가 무인도가 된 지 오래되어 만약 왜가 차지하게 되면 앞으로 근심거리가 될지 모르니 울릉도에 현을 설치하자'고 임금에게 말했으나 받아들여지지 않았다. 안타깝게도 당시에는 섬을 중요한 영토라고 생각하지 못한 것이다. 조선이 그렇게 섬을 비워 놓고 바라보기만 하고 있을 때, 유럽에서는 한창 대항해시대를 준비하고 있었다.

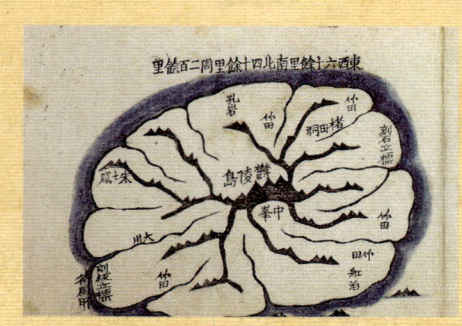

울릉도 대동여지도(부분)

관리를 보내 도망친 사람들을 잡아들이려고 했지만, 뱃길이 험해 정작 잡아들인 죄인보다 풍랑으로 목숨을 잃은 관리의 수가 더 많을 정도였습니다.

《조선왕조실록》에는 1407년 대마도주(대마도를 지배하던 영주)가 태종 임금에게 일본인을 울릉도에서 살게 해 달라고 부탁했다는 기록이 있습니다. 태종 임금은 물론 단호하게 거절했습니다. 이것은 일본이 15세기 초부터 울릉도를 넘보기 시작했다는 증거입니다. 분명히 거부한다는 뜻을 밝혔는데도, 대마도 사람들은 몰래 울릉도에 와서 고기를 잡고 문제를 일으켰습니다.

울릉도와 독도를 끊임없이 넘보는 일본

일본이 독도를 자신들의 땅이라고 어처구니없게 주장하는 것은 어제오늘의 일이 아니다. 우리나라와 일본 사이에 있었던 과거의 일을 생각하면 '늘 하던' 태도를 보인 것뿐이다. 임진왜란 때에도 일본은 한반도를 혼란에 빠뜨리고 그 틈을 타서 울릉도를 가로채려고 했다. 또 17세기 말에는 울릉도가 자신들의 땅이라고 우겨서 우리를 긴장시킨 적이 있었는데, 그때 안정복이 나서서 문제를 해결했다. 1890년대 이후 조선 정부가 힘없이 서서히 스러져 가던 때, 일본인은 불법으로 울릉도에 들어가 영구 주거권을 요구하기도 했다. 1905년에는 독도를 슬그머니 자신들의 섬이라고 선언했다. 지금 일본은 독도를 자신들의 땅이라고 우기며 욕심내고 있지만, 거슬러 올라가 보면 일본은 울릉도에도 눈독을 들이고 있었다. 우리는 독도 문제 이전에 울릉도 문제가 있었다는 것을 기억해야 한다.

그 뒤 세종 임금은 본격적인 공도 정책을 폈습니다. 단지 왜구 때문만이 아니라 죄를 짓고 도망치는 사람을 잡아들이기 위해서였습니다. 울릉도에 살던 사람들이 모두 섬을 떠나야 했습니다. 울릉도

조선전도 18세기 후반에 펴낸 조선전도 중 울릉도와 독도가 그려진 부분

는 그로부터 1884년까지 약 450여 년 동안 텅 빈 섬으로 남아 있었습니다. 왜구의 침략이 사라진 뒤에도 울릉도에 사람을 살게 하지 않았기 때문입니다.

일본은 조선의 공도 정책을 들먹이며 우리가 일찍이 섬을 포기했다고 주장합니다. 하지만 그것은 역사를 제대로 모르고 하는 말입니다. 섬을 비운 동안에도 조선은 끊임없이 관리를 보내 섬을 감독하고 지켜 왔습니다. 우리나라는 단 한 번도 울릉도를 포기한 적이 없습니다. 하지만 좀 더 적극적으로 울릉도를 개척하고 독도도 잘 관리했더라면, 하는 아쉬움이 남습니다.

꿈의 섬, 삼봉도

 나라에서는 공도 정책을 써서 울릉도에 사람이 살지 못하게 했지만, 많은 이들이 끊임없이 울릉도로 도망가 숨어 버렸습니다. 당시 가난한 백성들은 울릉도를 곧 꿈의 섬으로 여겼기 때문입니다. 어떤 사람은 엄청난 세금을 피해, 어떤 사람은 죄를 짓고 도망치기 위해, 어떤 사람은 먹고살 길을 찾기 위해 꿈의 섬으로 떠났습니다. 가난하고 힘없는 백성들이 울릉도를 꿈의 섬으로 상상한 이유가 무엇일까요?

 자원이 풍부하고, 탐관오리(백성의 재물을 탐내 빼앗기를 일삼는 관리)가 없다는 것만으로도 울릉도는 낙원이나 마찬가지였습니다. 가진 것 없고 억눌려 살아온 백성들에게는 더욱 그랬습니다. 울릉도가 가난한 사람들이 살기 좋은 곳이라는 소문이 부풀려져, 갈 곳 없는 백성들의 발길은 꾸준히 이어졌습니다.

 영조 임금 때 백성들 사이에서는 이런 소문이 돌았습니다.

"동해 한가운데 삼봉도라는 섬이 있는데, 아주 넓은 데다 사람도 많이 산다고 한다. 옛날부터 나라에 죄를 지은 사람들이 도망가 만든 섬이다. 가난하고 천한 사람들을 의하여 황진기라는 장군이 정진인을 모시고 울릉도에서 나올 것이다. 청주와 문의가 먼저 무너지고, 서울이 무너지고 나면 이(李)씨 대신에 정(鄭)씨가 들어서서 가난 없고 귀천 없는 새 세상을 만들 것이다."

이씨 왕조가 무너진다는 내용의 이런 헛소문은 널리 퍼져서 당시 경기도와 충청도의 백성들을 흔들어 놓았습니다. '죄를 지어 도망간 사람들이 만든 섬'은 울릉도를 가리키는 게 분명했습니다.

1430년, 세종 임금 때 함길도(지금의 함경도) 바닷가 사람들 사이에서도 이상한 소문이 나돌았습니다. 동해 가운데, 혹은 양양 동쪽에 '요도'라는 섬이 있는데, 그곳에 다녀왔다는 사람이 있다는 것입니다. 세종 임금은 요도를 찾으려고 동해로 사람들을 보내 알아보게 했습니다. 하지만 아무리 찾아도 요도라는 섬을 발견할 수 없었습니다. 15세기 말 성종 임금 때 영안도(지금의 함경남도) 바닷가 사람들 사이에 나돌던 소문은 이렇습니다. 함경도의 여러 마을에서 먼발치로 보았다거나 가 보았다는 말이지요.

강릉에서 멀지 않은 동해에 삼봉도라는 섬이 있는데, 도망친

무리가 천 명 넘게 살고 있다. 땅이 기름지고 풍요로우며, 맑은 날이면 경흥에서 볼 수 있다. 회령에서 동쪽으로 7일 밤낮 가면 닿는다. 《조선왕조실록》

영흥에 살던 김자주란 사람은 이 소문을 듣고 삼봉도를 찾아 나섰습니다. 그는 다녀온 뒤에 삼봉도를 그림으로 그려서 임금에게 바치며 이렇게 말했다고 합니다.

종성 바닷가에서 배를 타고 나흘 낮과 사흘 밤을 가니 우뚝 솟은 섬이 보였습니다. 30여 명이 섬 어귀에 줄지어 서 있었고, 연기가 났습니다. 사람들은 흰옷을 입고 있었는데 거리가 멀어서 모습을 자세히 살필 수 없었습니다. 그러나 대체로 조선 사람들이었는데 잡힐까 봐 두려워 가까이 가지 못했습니다. 《조선왕조실록》

나라에서는 삼봉도를 찾아내 그곳에 산다는 사람들을 잡으려고 했지요. 하지만 뱃길이 험하고 위치도 정확하지 않아 번번이 실패하고 말았습니다. '세금을 내지 않는 자유로운 땅'이라는 소문이 백성들 입에 오르내리면서 마음을 어지럽게 한다며, 그곳을 다녀왔다는 사람을 극형에 처해야 한다는 관리들도 있었습니다.

그러나 삼봉도는 백성들이 상상으로 만들어 낸 땅이었습니다. 아무리 노력해도 찾을 수 없는 섬이지요. 백성들에게는 삼봉도가 진짜로 이 세상에 있는 섬인지 아닌지는 중요하지 않았습니다. 먹고사는 데 부족함이 없는 섬이 동해에 있다는 것만으로도 고달픈 삶을 살아가는 데 힘이 되었습니다.

공도 정책으로 '섬'을 멀리하다 보니, 오히려 '섬'은 이상향(인간이 생각할 수 있는 최선의 상태를 갖춘 완전한 사회)이 되었습니다. 많은 이들이 직접 보았다는 삼봉도는 한때 울릉도를 가리키기도 했고, 한때는 독도를 가리키기도 했습니다. 그만큼 소문이 무성한 섬이었습니다. 하지만 나라에서는 헛소문에만 신경을 곤두세웠을 뿐, 섬을 개척하려는 생각은 하지 못했습니다.

이상향이 된 또 다른 이유

옛사람들은 울릉도를 막연한 이상향으로만 생각하고 있었을까. 그렇지는 않았다. 울릉도의 풍부한 물산은 외경의 대상이었다. 일찍이 고려시대 원 지배기에 희귀목을 구하려고 사람을 보냈으며, 1141년에는 울릉도에 들어가 이상한 것을 가져오게 했다. 조선 선조 임금 때 문장가 이산해는 울릉도를 '신선이 사는 곳'으로 여겼다. 인간의 손이 거의 닿지 않는 울릉도에 천혜의 자원이 널렸을 터, 그러한 자연 조건이 풍문에 부풀려지며 최고의 이상향으로 알려지게 되었을 것이다.

4 동해의 영웅 안용복

일본은 17세기부터 울릉도와 독도를 넘보기 시작했습니다. 특히 대마도 사람들은 우리 바다로 넘어와 고기를 잡는 것도 모자라, 틈만 나면 쳐들어올 궁리를 했습니다. 그런데 혼자 일본까지 가서 이 문제를 해결한 사람이 있습니다. 바로 안용복입니다. 그가 없었다면 지금 독도와 울릉도는 버젓이 일본 영토로 지도에 올라 있을지도 모릅니다.

독도를 탐낸 일본

일본에서는 16세기부터 울릉도를 '기죽도' 또는 '죽도'로 불렀습니다. 당시 일본은 에도 막부(지금의 도쿄인 에도에 자리 잡고 있었던 군사 정권. 당시 일본을 상징적으로 지배하던 천황은 교토에, 실질적 권력가였던 막부는 에도에 있었다.)가 다스리고 있었습니다. 1618년 7월 에도 막부는 백성들이 국경을 벗어나 다른 나라에 가서 고기잡이하는 것을 금지했습니다.

그런데 그들은 오타니 가문과 무라카와 가문에게 울릉도 도해 면허, 즉 바다를 건너도 된다는 면허를 내주었습니다. 국경 밖에서 고기잡이를 못 하게 정해 놓고 특정한 사람들에게만 '도해 면허'를 주었다는 것은 울릉도가 조선 땅임을 인정했다는 말입니다. 도해

도해 면허 1618년 에도 막부가 오타니 가문과 무라카와 가문에 발급한 울릉도 도해 허가 문서. 일본 어부와 조선 어부 사이에 충돌이 자주 일어나고 조선 정부가 강하게 반대하자, 에도 막부는 1696년에 이 면허를 취소시켰다.

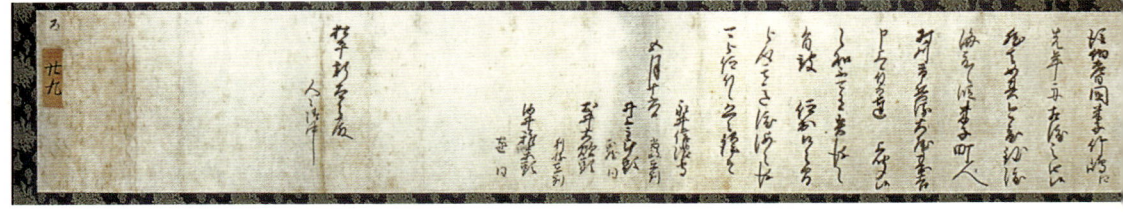

68쪽 사진 설명 독도의 겨울. 짙푸른 겨울 바다에서 독도가 해를 맞이하며 섬 뒤로 긴 그림자를 드리우고 있다.

면허는 오늘날의 비자와 같습니다. 자기 나라 땅에 들어가는 데 비자를 발급하지는 않으니까요.

이 두 가문은 그 뒤 70년 동안 울릉도뿐만 아니라 독도까지 가서 고기를 잡았습니다. 이 일은 뒷날 우리나라와 일본 두 나라가 오랫동안 다툼을 벌이는 중요한 원인이 됩니다.

일본인이 우리 바다에 슬금슬금 들어온 것이 그때가 처음은 아닙니다. 1614년 임진왜란 직후에 일본 배 한 척이 동래(지금의 부산)에 닿았습니다. 대마도주가 에도 막부의 외교 문서를 들고 동래부사를 찾아온 것입니다. 찾아온 용건을 묻자 대마도주는 이렇게 대답했습니다.

"기죽도의 크기와 지형을 알아보려고 하는데, 풍랑이 있을까 두려우니 길 안내자를 보내 주기 바랍니다."

"기죽도가 도대체 어디에 있는 섬이오?"

기죽도라는 섬을 처음 들어 본 동래부사가 묻자 대마도주가 대답했습니다.

"경상도와 강원도 경계 밖에 있다고 합니다."

듣고 보니 일본인이 말하는 기죽도란 울릉도를 말하는 것 같았습니다. 동래부사는 곧장 이 일을 조정에 알렸습니다.

에도 막부와 대마도

우리나라와 일본 사이에서 독도나 울릉도 문제가 불거지면 늘 등장하는 사람이 대마도주다. 대마도는 원래 우리 땅이었는데 오래전에 일본으로 넘어갔다. 대마도는 부산과 아주 가까워 일본과 우리나라 사이에서 많은 역할을 했다. 에도 막부의 명령에 따르면서도 때로는 우리나라의 눈치를 보는가 하면, 중간에서 이익을 얻으려고 가짜 외교 문서를 만들기도 했다. 이렇게 대마도는 일본의 눈치를 보면서도 경제적으로 조선에 의지해 살 수밖에 없었고, 조선에 의지하면서도 기회만 있으면 조선을 배반하는 일을 서슴지 않았다.

 일본인은 조선의 섬 울릉도를 기죽도라 부르면서 울릉도를 탐사하겠다는 문서를 보내 조선을 떠보려 했습니다. 임진왜란 직후의 혼란한 분위기 속에서 울릉도를 침략하려고 생각했던 것이죠. 대마도주를 앞세워 울릉도에 쳐들어가려는 교묘한 시도였습니다. 《광해군일기》에 나와 있는 이 사건은 일본이 울릉도와 독도를 넘보며 욕심을 부린 가장 오래된 기록입니다.

울릉도와 독도를 지켜 낸 안용복

　1654년 어부의 아들로 태어난 안용복은 수군(지금의 해군)에서 노 젓는 일을 하는 사람이었습니다. 성질이 좀 괴팍하긴 했지만, 영리한 사람이었지요. 당시 안용복이 살던 동래에는 왜관이 있었습니다. 왜관은 우리나라와 무역하기 위해 오가는 일본인을 위해 지은 곳입니다. 안용복은 왜관을 드나들며 일본인과 사귀었고, 그들한테서 일본어를 배웠습니다.

　1693년 여름, 안용복은 친구들과 함께 작은 배를 타고 바다로 고기잡이를 나갔다가 폭풍을 만났습니다. 배는 표류해 울릉도에 닿았습니다. 아마 여름에 남쪽에서 동쪽으로 흐르는 대한난류를 따라 표류한 것 같습니다.

　그때 울릉도에는 대마도에서 온 일본인들이 진을 치고 있었습니다. 그 무렵 대마도에 살던 왜구는 울릉도를 다케시마(죽도)라고 부르며 일본 호키슈에 속한다고 우겼습니다. 호키슈는 오늘날의 시마네현으로, 1905년 독도를 자신들의 관할 구역으로 편입시킨 곳입니다. 당시 울릉도에는 이미 조선 사람들이 많이 살고 있었는데도, 일본인들은 조선의 허락 없이 들어와 터를 잡고 살았던 것입니다.

그런데 안용복을 만난 일본인들은 그가 국경을 함부로 넘어왔다며 대마도로 잡아갔습니다. 정말 어처구니없는 일이었습니다. 대마도주에게 끌려간 안용복은 이렇게 외쳤습니다.

"조선 사람이 조선 땅에 들어간 게 무슨 죄라고 우리를 붙잡아 왔단 말이오?"

그러자 대마도주가 말했습니다.

"네가 말하는 울릉도는 우리 호키슈의 다케시마다. 너희가 일본 국경을 침범한 것이 아니고 무엇이더냐?"

"울릉도가 우리 조선 땅이라는 것은 지도에 분명하게 나와 있소. 게다가 조선에서 울릉도까지는 하루면 올 수 있지만, 일본에서 울릉도까지는 닷새나 걸리지 않소? 지도 볼 필요도 없이. 그건 어린아이라도 알 수 있는 일이오."

안용복이 당당하게 울릉도가 조선 땅이라고 주장하자, 대마도주는 그를 호키슈로 보냈습니다. 안용복은 그곳에서도 울릉도가 자신들의 땅이라고 우기는 태수를 만나 울릉도가 조선 땅임을 딱 부러지게 설명했습니다.

호키슈 태수는 겉모습은 비록 초라하지만 용감하고 자신만만한 안용복의 태도를 좋게 보고 막부 우두머리에게 알렸습니다. 막부 우두머리 역시 안용복의 사람됨을 높이 사 후하게 대접했습니다. 또 그는 조선의 동래부사에게 보내는 편지를 써서 안용복에게 주었습니다. 하지만 안용복은 조선으로 돌아오는 길에 편지를 빼앗기고 다시 대마도로 보내집니다.

그 무렵 대마도 왜구들은 거의 날마다 동래 왜관에 가서 울릉도가 자신들의 영토인 죽도라고 생떼를 부리고 있었습니다. 하지만 막부의 우두머리들은 물론이고 일본 본토 사람들도 이런 사실을 전혀 몰랐습니다. 대마도 왜구들은 안용복이 조선으로 돌아가면 자신들이 한 짓이 들통날 것을 염려해 90여 일이나 안용복을 가두

안용복전

조선시대에 혼자 힘으로 독도를 지키기 위해 안간힘을 썼던 안용복 이야기는 원중거라는 사람이 쓴 소설《안용복전》에 잘 나와 있다. 이 책은 자칫 역사 속에 묻혀 버릴 뻔했던 민족의 영웅 안용복의 이야기를 소설로 꾸민 것이다. 원중거는 조선 후기에 살았던 작가다. 벼슬은 낮았지만 꼿꼿한 선비 정신을 지니고 있어 많은 사람들의 존경을 받았다. 1763년 서기(기록관) 자격으로 조선통신사에 속해 일본의 에도까지 다녀왔으며, 그때 느끼고 본 내용을 책으로 썼다. 또한 임진왜란 이후에는 일본이 저지른 일에 대해 매우 자세한 기록을 남기기도 했다. 원중거는 일본과 독도 분쟁이 일어날 것을 예고한 사람이기도 하다.

어 두었습니다. 그러면서 끊임없이 동래부사를 조르고 협박해 울릉도를 빼앗으려고 억지를 부렸습니다. 안용복에게는 참으로 절박한 순간이었습니다.

안용복은 비밀리에 뇌물을 써서 동래에 있는 자신의 집으로 연락했습니다. 다행히 동래부사가 이 소식을 듣게 되어 안용복은 가까스로 풀려났습니다. 고향에 돌아온 안용복은 동래부사를 만나 그동안의 일을 이야기했습니다.

"대마도주를 엄하게 문책하시고, 그들을 단속해야 합니다. 그리고 울릉도에 조사관을 보내 그곳에 대해 알아보고 다스리셔야 합니다. 울릉도 바다에서 고기잡이하는 대마도 사람을 잡아 대마도로 돌려보낸다면, 울릉도와 관련한 다툼은 저절로 없어질 것입니다."

하지만 동래부사는 안용복의 말을 들은 체도 하지 않았습니다. 동래 왜관에 나와 있던 대마도 사신은 울릉도를 어떻게 해 보려고 틈만 나면 협박하고 있었는데도 말입니다.

안용복은 자신의 말이 받아들여지지 않는 것이 너무나 안타까웠습니다. 그는 당장 혼자서 울산으로 달려갔습니다. 그리고 그곳에서 만난 승려 열세 사람과 울릉도로 떠났습니다. 짐작대로 울릉도

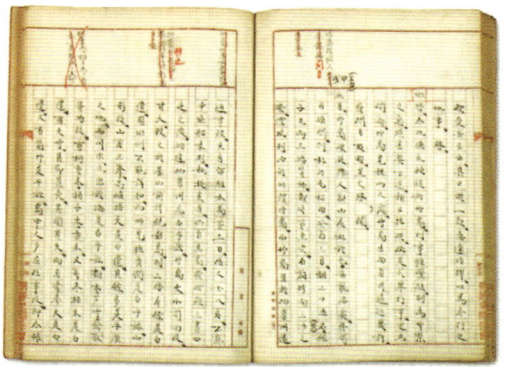

변례집요 1598년부터 1841년까지 일본과의 외교 관계를 기록한 《변례집요》 필사본. 울릉도와 독도를 지키기 위한 안용복의 노력을 자세히 소개하고 있다. 대마도주가 울릉도와 독도를 조선 땅으로 인정했다는 내용도 있다.

에는 왜구들이 들어와 있었습니다. 안용복은 뱃머리에 서서 일본인들에게 호통을 쳤습니다.

"무슨 일로 우리 국경을 침범했느냐?"

안용복의 서슬에 놀란 왜구들이 말했습니다.

"본래 송도로 가는 길이었소. 이제 떠날 것이오."

왜구들은 돛을 올리더니 허겁지겁 동쪽으로 배를 돌렸습니다. 안용복은 이들을 뒤쫓아 갔습니다. 이윽고 왜구들의 배가 한 섬에 닿았습니다. 안용복은 다시 크게 소리쳤습니다.

"여기도 우리 조선 땅 우산도다. 당장 여기서 나가라!"

안용복이 몽둥이를 휘두르자, 왜구들은 매우 놀라 동쪽으로 도망쳤습니다. 왜구들이 '송도'라 하고, 안용복이 '우산도'라고 한 섬은 바로 독도입니다.

안용복은 그들을 쫓아 호키슈까지 달려가 태수를 만났습니다. 그리고 대마도 왜구들이 그동안 해 온 짓을 밝히면서, 이를 적은 편지를 에도에 전해 달라고 부탁했습니다. 그 편지에는 대마도 사람들이 울릉도를 빼앗으려는 일이며, 왜관에 머물면서 벌인 나쁜 짓, 조선 백성들을 속여서 터무니없는 이익을 남기려 했던 일들이 다 적혀 있었습니다.

호키슈 태수가 안용복의 편지를 가지고 에도에 갔을 때, 마침 대마도주의 아버지가 에도에 머물고 있었습니다. 그는 안용복의 편지를 보고는 호키슈 태수에게 간절하게 부탁했습니다.

"이 편지가 윗사람들에게 전해지면 우리 아들놈은 살아남지 못하니, 나를 봐서라도 편지를 전하지 말아 주십시오."

호키슈 태수는 그의 처지를 불쌍하게 여겨 막부에 전하지 않고 돌아왔습니다. 그리고 안용복에게 말했습니다.

"이제 조선으로 돌아가 보시오. 대마도주는 스스로의 잘못을 반성하고 있을 것입니다."

마침내 안용복은 되돌아와 그동안의 일을 관아에 보고합니다. 얼마 뒤 대마도주가 동래부에 편지를 보냈습니다.

"다시는 대마도 사람을 울릉도에 보내지 않겠습니다."

이로써 대마도 사람들이 울릉도에 얼쩡거리는 일은 사라지게 되었습니다. 마침내 조정은 울릉도를 두고 일본과 국경을 다투는 근심이 풀리게 되었습니다. 안용복 혼자 힘으로 이 통쾌한 일을 해냈답니다.

땅을 지키는 정책

조선 정부는 안용복의 활약으로 울릉도와 독도의 중요성을 알게 되었습니다. 그래서 땅을 지키는 정책, 즉 수토 정책을 본격적으로

수토 정책과 황토구미

울릉도 황토구미에는 황토굴이 있다. 공도 정책을 펴면서 울릉도에 도착한 관리는 출장의 증거물로 황토구미의 붉은 흙을 가져와야 했다. 화산암이 주종을 이룬 토양에서 붉은 흙은 매우 특이했으니 울릉도를 다녀왔다는 유력한 증거물이었다. 수토는 결코 쉽지 않았다. 수토를 하다가 힘한 뱃길에서 죽는 경우가 자주 있었다. 황토구미가 있는 태하동은 서쪽에 자리 잡아, 육지와의 교섭 관계에서 지정학적으로 매우 중요했다. 태하동 산자락에 올라서면 멀리서 오는 돛단배의 돛이 아련하게 보였을 것이다.

펴기 시작했습니다. 그동안 섬을 비우는 정책인 공도 정책을 펴서 영토 보호에 소홀했다는 걸 깨달은 것입니다.

우선 조선은 삼척 영장(지방군에서 가장 높은 단위 부대의 우두머리) 장한상을 파견해 섬을 지키게 했습니다. 수토 정책은 19세기 말엽까지 약 2세기 동안 꾸준하게 이어졌습니다. 조선 정부가 정기적으로 섬을 관리했다는 사실은 장한상이 남긴 기록으로 알 수 있습니다.

> 동쪽으로 5리쯤 떨어진 곳에 작은 섬이 하나 있는데, 높고 크지 않으며 바닷가에 기다란 대나무가 자라고 있다. 비 개고 안개 걷힌 날 산으로 들어가 가운데 봉우리에 오르면 남북 두 봉우리가 높다랗게 마주 보고 있는데 이를 삼봉이라고 한다. 서쪽을 바라보면 대관령의 구불구불한 모습이 보이고, 동쪽을 바라보면 바다 가운데 한 섬이 보이는데 아득히 진방(정동쪽을 기준으로 45도 이내의 방향)에 위치하며 그 크기는 울릉도의 3분의 1 미만이고 거리는 300여 리에 불과하다. 《조선왕조실록》

동쪽에 보인다고 묘사한 섬이 바로 독도입니다. 독도는 육지로부터 멀리 떨어진 무인도여서 직접 다스리기는 어려웠습니다. 육지에서 비교적 가깝고 사람들이 살고 있는 다른 섬과는 달랐습니다. 하지만 조선은 그런 독도를 끊임없이 관리하고 있었습니다. 그런데도 일본은 우리가 공도 정책을 펴면서 독도의 영유권을 포기했다고 주장합니다.

신묘명 각석문 울릉도 도동리에서 발견된 바위. 신묘년(1711년)에 삼척 영장 박석창이 울릉도에 왔다는 내용이 새겨져 있다.

17세기에 있었던 안용복의 일화는 뒷날 우리나라와 일본이 울릉도와 독도 문제를 두고 다투게 될 것을 예고하는 듯합니다. 그때 안용복이라는 용감무쌍한 인물이 있었기에, 지금 우리가 우리의 영유권을 제대로 지키고 있는 것이 아닐까요? 원중거는《안용복전》마지막에 다음과 같이 말하고 있습니다.

"대마도의 왜구가 제멋대로 행동하지 못하는 것은 우리나라에 안용복 같은 사람이 또 있을까 두렵기 때문일 것이다."

수토 정책을 실시하면서 나라에서는 울릉도 지형에도 관심을 갖

동국지도 정상기가 그린 〈동국지도〉의 채색필사본. 우산도(독도)가 울릉도 오른쪽에 그려져 있고, 대마도도 그려져 있다.

게 되었습니다. 그때부터는 지도를 그릴 때 독도를 울릉도 안쪽에 그리는 일은 거의 없어집니다. 독도의 위치를 정확하게 알아낸 것입니다. 이것은 독도가 조선의 땅이라는 것을 확실하게 보여 주는 좋은 증거이기도 합니다.

조선 후기의 지리학자 정상기가 그린 〈동국지도〉를 보면 울릉도가 육지 쪽에, 우산도가 그 동쪽에 그려져 있을 뿐 아니라 크기나 거리도 정확합니다. 이에 반해 1530년에 그린 〈팔도총도〉나 1592년 임진왜란 당시 일본에서 제작한 〈조선국지리도〉에는 우산도(독도)가 울릉도 안쪽에 그려져 있습니다.

조선국지리도 임진왜란 때 일본에서 제작한 《조선국지리도》에 들어 있는 우리나라 지도. 울릉도와 우산도(독도)가 그려져 있으며, 동남쪽 바다에 대마도가 우리 땅으로 그려져 있다.

    17세기 후반, 그러니까 안용복의 활약이 있고 난 뒤에야 울릉도와 독도의 지도가 완전하게, 제대로 고쳐진 것입니다. 그것은 수토 정책을 시작하면서 두 섬을 제대로 탐사했기 때문입니다.

쫓겨난 영웅

　용감한 행동으로 동해를 지킨 영웅 안용복은 그 뒤에 어떤 대접을 받았을까요? 아마 옛날이야기에 나오는 대로라면 안용복은 임금님께 금은보화를 선물로 받았거나, 공주님과 결혼했거나, 높은 벼슬에 올랐을 것입니다. 하지만 안용복을 기다린 것은 이렇게 달콤한 결말이 아니었습니다.

　안용복이 모든 문제를 해결하고, 에도 막부가 울릉도를 조선 땅이라고 인정하게 만든 뒤 또 하나의 사건이 터졌습니다. 사건의 주인공은 또 대마도 왜구입니다. 안용복이 나서서 해결한 이 문제가 아무래도 자신들에게 불리하다는 생각이 들었던 것이죠.

　원래 왜구들은 안용복에게 '대마도에서 부산으로 가는 항로 하나 말고는 모든 통행을 금하겠다'고 약속했습니다. 하지만 생각하면 할수록 이 약속이 못마땅했습니다. 그들은 동래부사에게 항의했고, 그 소식이 조정에까지 들어갔습니다. 조정에서는 대신들이 이 문제를 두고 회의를 열었습니다.

　그런데 회의에서 나온 대신들의 의견이 조금 이상했습니다.

　"대마도와 한 약속은 믿을 만하다. 하지만 이것은 외교 문제이므로 안용복의 목을 베지 않을 수 없다."

정말 기가 막힌 이야기입니다. 말하자면 안용복의 행동은 의롭고 마땅한 일이기는 하나 '제멋대로 국경을 벗어나 외교 문제에 끼어든 건방진 행동'이므로 목을 베야 한다는 것이었습니다. 대신들은 안용복의 영웅적인 행동을 인정하기보다 그가 일본을 드나들면서 마치 외교관처럼 행세한 것을 용서할 수 없었습니다.

그러나 다행히 올바른 생각을 한 신여철이라는 대신이 있었습니다.

"안용복이 한 일은 정말 놀라울 정도입니다. 그의 행동에 잘못이 없다고는 할 수 없지만, 나라에서도 못 한 일을 해냈으니 그 공로와 잘못이 맞먹는다고 할 만합니다. 사형을 내릴 수는 없습니다."

신여철은 이렇게 말하며 안용복의 처형에 강하게 반대했습니다.

그러자 지선이라는 대신이 또 가만히 있지 않았습니다.

안용복 장군 충혼비 울릉도 도동 약수공원

4. 동해의 영웅 안용복

독도방어훈련 군과 해경은 1986년부터 매년 상·하반기에 독도방어훈련인 '동해영토수호훈련'을 육·해·공 합동 훈련으로 실시한다. 독도 인근 해상에서 해상 기동훈련 중인 양만춘함.

"안용복을 죽이지 않는다면, 간사한 백성 가운데 다른 나라에 가서 문제를 일으키는 자들이 많아질 것입니다. 어떻게 그를 죽이지 않을 수 있겠습니까?"

백성들이 너도나도 안용복처럼 나서는 일을 막기 위해서 안용복을 처형해야 한다는 것입니다. 안용복은 졸지에 애국자에서 죄인 신세가 되었습니다. 하지만 다행히 영의정 남구만이 나서서 안용복을 구해 주었습니다. 임금이 결론을 내립니다.

"안용복을 죽인다면 대마도주만 기쁘게 할 뿐이다. 사람됨이 뛰어나고 영리하니 보통 사람이 아니다. 살려 두어 뒷날에 쓰자."

안용복은 천만다행으로 목숨을 구했지만, 영동으로 귀양을 가야 했습니다. 의로운 일을 하고도 간신히 목숨만 구하게 된 셈입니다. 나라를 위해 몸을 아끼지 않았는데 상을 받기는커녕 귀양살이를 하게 되었으니 안용복은 얼마나 억울했을까요?

독도 영유권을 놓고 다툼을 벌일 때가다 아직도 일본은 한국 정부가 안용복을 체포하고 귀양까지 보낸 일을 들먹입니다. 울릉도와 독도를 지키기 위해 애쓴 사람을 그렇게 푸대접했다는 것은 그 땅을 중요하게 생각하지 않았기 때문이라는 겁니다. 일본의 억지 주장이기는 하지만, 한편으로는 반성하게 만드는 말이기도 합니다.

 지도로 보는 울릉도와 독도

우리나라 지도에서 울릉도와 독도는 여러 가지 모습으로 변해 왔다. 18세기 전반까지만 해도 독도를 울릉도의 서쪽에 그렸다. 또 두 섬을 기다란 타원형으로, 크기도 비슷하게 그렸다. 두 섬의 위치나 지형에 대해 자세하게 알지 못했기 때문이다. 하지만 거의 모든 지도에 울릉도와 독도가 빠지지 않고 나오는 것을 보면 조상들이 두 섬을 매우 중요하게 생

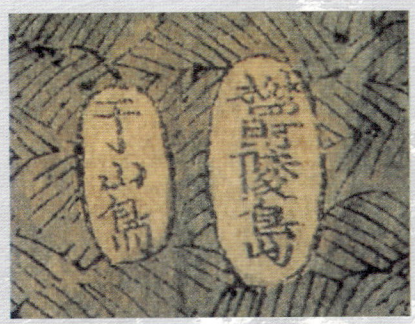

16세기 중반에 그린 《신증동국여지승람》의 〈동람도〉. 우산도 즉 독도를 나타낸 지도 중에서 가장 오래되었다.

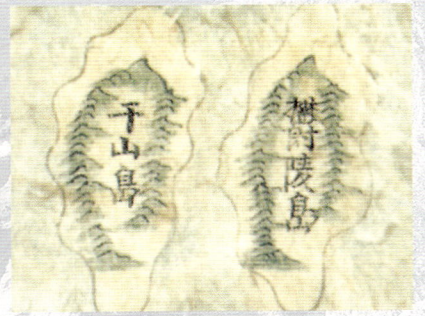

18세기 전반에 그린 〈여도〉. 울릉도와 독도의 위치가 바뀌어 있고 모양도 비슷하다.

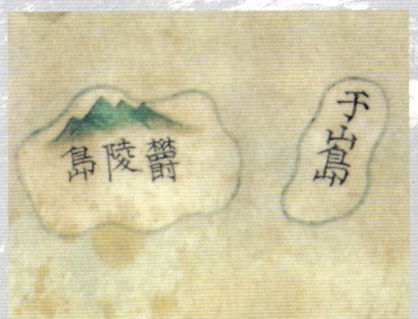

18세기 후반에 그린 〈조선전도〉. 독도는 울릉도 동쪽에 있고, 울릉도와 독도의 모양도 서로 다르다.

16세기 후반 일본에서 그린 〈조선국리지도〉. 울릉도와 독도의 크기와 모양이 같고, 위치도 잘못되었다.

각했다는 걸 알 수 있다. 특히 두 섬을 똑같이 그린 것은 울릉도와 독도를 떼려야 뗄 수 없는 관계로 여겼기 때문이다. 18세기 후반, 울릉도와 독도를 자세히 알게 된 뒤부터는 지도도 정확한 위치를 찾게 된다. 독도는 울릉도 동쪽에 좀 더 작게 그렸고, 모양도 서로 다르게 그리기 시작했다.

한편 일본인이 그린 지도 가운데 울릉도와 독도가 우리나라 경토로 표시되어 있는 것이 많다. 그럴 뿐 아니라 대마도도 우리 땅으로 그려져 있다. 우리 것과 마찬가지로 일본의 옛 지도 중에서도 독도의 위치를 혼동한 것들이 있다.

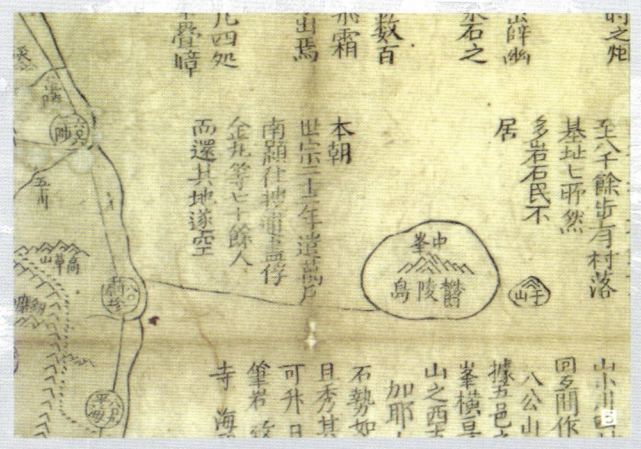

19세기 중반에 그린 〈해좌전도〉. 산맥, 하천, 육로 등이 자세하게 나온 지도다. 강원도 울진에서 울릉도까지 연결되는 뱃길이 그려져 있으며, 독도는 울릉도 오른쪽에 작게 그려져 있다.

우리나라 국토지리정보원에서 2020년 제작한 〈대한민국 주변도〉에 나타난 울릉도와 독도. 현재 울릉도와 독도는 경상북도에 속해 있다.

일본의 끊임없는 욕심 5

일본은 을사늑약으로 우리나라의 외교권을 빼앗자마자 독도를 자신들의 땅으로 슬쩍 편입시켜 놓았습니다. 우리나라가 독립이 된 뒤에도 일본은 미국을 내세워 독도를 우리에게 돌려주지 않으려 했습니다. 이제껏 독도가 대한민국 땅이냐, 일본 땅이냐를 말하는 국제회의에서 당사자인 우리는 언제나 빠져 있었습니다. 우리가 미국이나 일본보다 힘이 약했기 때문입니다.

가장 먼저 빼앗긴 울릉도

울릉도에 사람이 들어갈 수 없게 한 법은 조선시대 말, 좀 더 정확하게 말해 대한제국시대로 접어들면서 사라졌습니다. 그때부터 사람들은 울릉도에 들어가 살기 시작했습니다. 그 전에도 몰래 살기는 했지만, 아무래도 공도 정책을 펴고 있을 때라 많은 사람들이 떳떳하게 들어가지는 못했습니다.

하지만 울릉도가 동해의 이상향으로 소문난 데다 나라에서 더 이상 막지 않자 전국에서 가난한 사람들이 몰려들었습니다. 강원도나 경상도는 물론이고 멀리 전라도나 충청도, 경기도에서까지 너도나도 울릉도로 이사했답니다.

그런 와중에 일본인을 비롯해서 중국과 러시아, 영국 사람도 덩

울릉도의 너도밤나무 숲

울릉도 성인봉 일대에는 아직도 천연림이 일부 남아 있지만, 100여 년 전에 볼 수 있었던 무성한 숲은 사라졌다. 러시아 등 열강은 우리나라로부터 강제로 동의를 얻어 울릉도에서 나무를 벤 다음 배에 실어 가지고 갔다. 일본인도 마음대로 나무를 베어 내어 목재로 가공하거나 배를 만들었다. 유명한 영화배우 율 브리너의 할아버지가 울릉도의 벌채권을 가진 러시아인이었다는 사실이 밝혀지기도 했다. 울릉도 성인봉 숲 일대는 천연기념물로 지정되어 있다.

90쪽 사진 설명 독도의 서도. 섬 아래쪽에 어민들의 숙소가 보이고, 섬 오른쪽으로 탕건봉과 삼형제굴바위 사이로 멀리 큰가제바위와 작은가제바위가 보인다.

달아 울릉도로 몰려들었습니다. 모두가 울릉도가 가진 울창한 숲을 탐내고 있었습니다. 당시 울릉도는 지금의 모습과는 많이 달랐습니다. 천 년도 더 된 아름드리나무들이 하늘을 가릴 정도로 빽빽하게 자라 있었습니다. 울릉도의 울창한 원시림을 발견한 여러 나라 사람들은 나무를 베서 배에 싣고 가려고 서로 싸움을 벌였습니다.

당시 조선은 힘을 잃고 무너져 가고 있었습니다. 그러다 보니 불법 침입해 우리 섬을 엉망으로 만드는 외국인을 어떻게 해 볼 힘조차 남아 있지 않았습니다. 울릉도에서 뭔가를 챙겨 가려는 그들을 그저 바라만 볼 뿐이었습니다. 그러는 동안 울릉도의 아름다운 자연은 송두리째 파괴되어 갔습니다. 조선이 좀 더 힘 있는 나라였다면, 우리는 지금보다 더 울창하고 아름다운 울릉도의 숲을 볼 수 있었을 것입니다.

1888년(고종 25년)부터는 울릉도 가까운 바다에 전복을 따려는 일본 어부들이 자주 나타났습니다. 그때만 해도 울릉도 해변에는 전복이 엄청나게 많았습니다. 대접만 한 전복을 쉽게 딸 수 있었다고 하니, 일본인이 탐낼 만도 했겠지요. 일본인은 대개 많은 배를 이끌고 떼 지어 들어왔습니다. 186명이나 되는 사람이 고깃배 24척에 나누어 타고 왔다는 기록도 있습니다.

이들 가운데는 울릉도의 가장 큰 항구인 도동에 가게를 내고 장사하는 사람도 있었습니다. 남의 나라 땅에 들어와 가게까지 내다니 정말 뻔뻔하기 이를 데 없습니다. 울릉도 구석구석을 돌아다니며 수확해 널어놓은 곡물을 함부로 빼앗아 가는 일본인도 있었습니다.

이렇게 한일병합이 되기도 전에 울릉도는 이미 일본인의 무법천지로 변해 가고 있었답니다. 울릉도의 도동항이나 저동항에는 일본인 거리가 들어서고 거리마다 일본 말이 시끄럽게 들려왔습니다.

울릉도의 옛 모습 일제강점기 울릉도에 살고 있던 사람들의 모습. 한 가족이 너와집 앞에 모여 서 있다.

1895년(고종 32년)부터 1905년(광무 9년)까지 우리나라 정부의 문서를 모아 편집한 책에는 일본인이 울릉도에 함부로 들어와 나무 껍질을 벗겨 가는 등 소란을 피운 여러 일들이 기록되어 있습니다. 울릉도에 파견한 관리들에게 여비도 못 줄 만큼 가난에 시달리던 우리나라 정부는 그런 일본인의 소란을 막을 능력이 없었습니다. 게다가 정부는 일본 군함이 울릉도 주변 바다를 측량하는 것을 막지 말라고 지방관에게 훈령을 내리기도 했습니다. 일본의 비위를

독도를 독도라 부르지 않은 이유

1905년, 시마네현 사람들이 군함을 몰고 울릉도를 방문하기 1년 전이다. 시마네현에 사는 나카이는 내무, 외무, 농상무 세 대신에게 '량고도 영토 편입'이라는 문서를 올렸다. '량고도'는 독도를 뜻한다. 이들이 독도를 독도라 하지 않고 량고도라고 한 것은 다 이유가 있다. 서양인은 독도를 '리앙쿠르'라고 불렀다. 프랑스 고래잡이 배 리앙쿠르호가 독도를 발견하고 붙인 이름이다. 그것을 일본어로 발음하면서 량고도가 된 것이다. 독도를 편입시켰다고 하면 국제적으로 말썽이 날 거라고 생각한 일본은 문서에 량고도라는 이름을 사용했다. 마치 서양인이 처음 발견한 무인도처럼 말이다. 그림 아래 '리앙쿠르(Liancourt)'라는 이름을 붙여 놓았다.

맞추어 피해를 조금이라도 막아 보려고 안간힘을 쓴 것입니다.

1899년 울릉도에는 일본인 마을이 들어섰습니다. 울릉도의 물푸레나무를 함부로 잘라 몰래 파는가 하면, 울릉도민에게 행패를 부리고 죽이기까지 했습니다. 육지에서보다 먼저 일본의 식민지가 된 것입니다. 1903년에는 울릉도에 사는 일본인의 집이 63채나 되었다고 합니다.

우리나라가 일본에 공식적으로 병합된 것은 1910년이지만, 그보다 5년 전에 이미 통감부(일본이 조선을 통치하기 위해 제2차 한일협약을 통해 만든 기관)가 만들어져 일본의 식민지가 되었습니다. 그런데 울릉도처럼 멀리 떨어진 섬에서는 그보다도 먼저 일본인이 들어와 있었던 것입니다. 바다를 잃으면 나라를 잃게 된다는 진리는 울릉도와 독도의 역사만 보아도 알 수 있습니다.

슬그머니 빼앗긴 독도

슬그머니 울릉도를 차지해 버린 일본은 서서히 독도에도 손을 뻗치기 시작했습니다. 일본의 처지에서 볼 때, 울릉도를 완전히 집

어삼키기에는 조금 눈치가 보인 모양입니다. 울릉도에 집까지 짓고 살면서도 자신들의 땅이라고 우기지는 않았으니까요. 하지만 작은 섬 독도는 만만하게 여겼습니다. 일본은 독도를 슬쩍 자신들의 땅으로 만들려 했습니다.

1905년 통감부가 설치되어 일본에게 우리의 외교권을 빼앗긴 뒤, 그해 11월 시마네현의 독도 조사단이 울릉도를 찾았습니다. 통감부를 만들자마자 독도를 빼앗으려고 대표단을 보낸 것입니다. 일본은 그 무렵 러일전쟁에서 러시아를 이겼기 때문에 무서울 게 없었습니다. 러시아를 눌러 의기양양한 시마네현 지사는 해군 선박을 타고 울릉도로 들어가 당시 울릉군수 심흥택을 만나 말했습니다.

"이제부터 독도는 우리 일본 땅입니다."

깜짝 놀란 심흥택이 말했습니다.

"그럴 리가 있습니까. 독도는 우리 땅입니다."

하지만 시마네현 지사는 너무도 당당하게 이렇게 말했습니다.

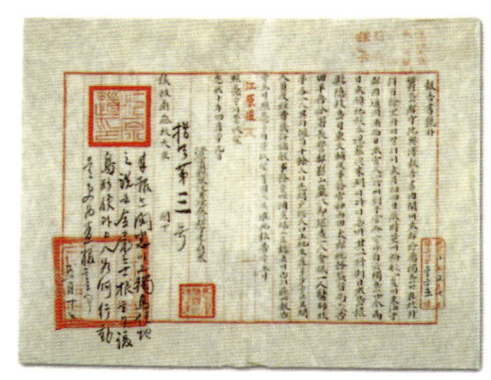

이명래 보고서 심흥택의 보고를 받은 강원도 감찰사 이명래가 의정부에 올린 보고서. 일본이 독도를 불법으로 편입한 것에 대한 부당성을 말하고 있다.

"우리 시마네현의 공고로 독도가 일본에 완전히 편입되었음을 알립니다."

심흥택은 펄쩍 뛰면서 다시 한번 말했습니다.

"말도 안 됩니다. 독도는 예전부터 지금까지 우리의 영토입니다. 전혀 이치에 닿지 않는 말입니다."

울릉도에 딸린 섬 독도가 일본 땅으로 편입되었다는 놀라운 통보를 들은 울릉군수 심흥택은 즉시 이 사실을 강원도 관찰사를 통해 조정에 알렸습니다. 이 일을 보고받은 대한제국 내부대신 이지용은 친일파였습니다. 하지만 그 역시 '말도 안 된다'고 단호하게 말했습니다.

일본은 우리나라의 외교권을 빼앗자마자 비밀리에 독도를 자신들의 땅으로 편입시켜 놓았습니다. 그러고는 나라에 공식적으로 알리는 대신 울릉군에 넌지시 알리는 것으로 얼렁뚱땅 넘어가려고 한 것입니다. 일본은 이처럼 비겁한 방법으로 침략했습니다.

일본은 우리나라 정부 몰래 1905년 2월 2일 자로 독도를 자신들의 영토로 편입시키고 망루(적의 행동을 살피기 위해 높이 지은 다락집)와 통신 시설을 설치했습니다. 이것은 러시아 함대를 겨냥하여 만든 군사기지로 추측됩니다. 이 군사기지를 활용해 러일전쟁에서 이긴 뒤에도 일본은 무려 1년 2개월 동안 병합 사실을 알리지 않았습니다. 그러다가 불쑥 해군 함정을 몰고 나타나 멋대로 통보한 것입니다. 내 땅에서 잘 살고 있는데 갑자기 이웃 사람이 나타나 '그동안은 너희 땅이었지만 이제 우리 땅이 되었다'며 억지를 부린 셈입니다.

그런데 왜 이들은 1년 2개월 동안 아무 말도 하지 않고 있다가 갑자기 통보한 것일까요? 그때는 이미 다른 여러 나라들도 일본이 우리나라를 지배하는 것을 인정한 뒤였기 때문입니다. 포츠머스 조약(1905년 6월)과 을사늑약(1905년 11월)을 강제로 맺어 우리나라의 외교권을 빼앗고 통감부를 개설한 뒤였으므로, 독도 병합을 더 이상 비밀에 부칠 필요조차 없어진 것입니다.

그렇다면 일본의 중앙 정부가 직접 나서지 않고, 작은 지방 관청인 시마네현 지사를 시켜 독도를 편입시킨 까닭은 무엇일까요? 그것은 국제 사회에, 한 지방 관청이 가까운 곳의 작은 무인도 하나를 편입시킨 것처럼 보이게 하려는 고도의 술책입니다. 시마네현이 스스로 일으킨 작은 사건처럼 보이지만, 사실 그 뒤에는 일본 중앙 정부의 거대한 음모가 있었습니다.

이와 같은 일본의 비겁한 태도는 예나 지금이나 마찬가지입니다. 지금도 시마네현이 앞장서서 독도가 원래 자기들의 땅이었다

일본도 알고 있다

독도가 울릉도에 딸린 섬일 뿐, 일본과는 아무 상관 없다는 것을 밝혀 주는 자료는 일본에도 많이 있다. 그 가운데 가장 눈에 띄는 것은 시마네현에서 1667년에 나온 《온슈시청합기》다. 이 견문록은 울릉도와 독도에 관한 기록으로는 일본에서 가장 오래되었다. 이 책에는 "울릉도와 독도는 혼슈의 경계 밖에 있으니 일본 땅이 아니다."라고 적혀 있다.

또한 일본의 국가 최고기관 태정관이 이미 1877년에 울릉도와 독도가 조선 영토임을 밝힌 결정문도 있다. 국가 최고기관이 내린 이 결정문보다 더 확실한 자료가 또 있을까? 하지만 일본은 이런 문서들이 있다는 사실 자체를 무시하거나 감추고 있다.

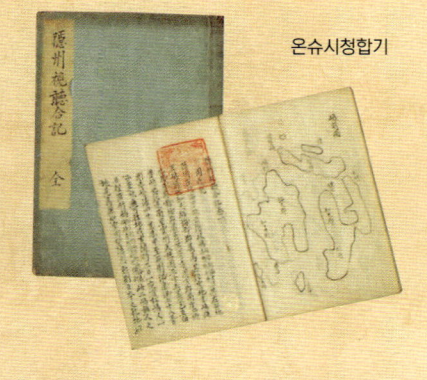
온슈시청합기

고 우기고 있으니까요.

독도를 미국에게 빌려준 일본

1945년 우리나라는 일본의 강제 점령에서 해방되었습니다. 독도도 우리에게 되돌아왔습니다. 울릉도에 있던 일본인과 일본 어선도 모두 자기 나라로 돌아가고, 울릉도 어부들은 다시 독도로 나가서 고기를 잡았습니다. 울릉도에 모처럼 평화가 찾아왔습니다.

그러던 어느 날이었습니다. 여느 때처럼 울릉도와 강원도 배들이 독도 둘레에서 고기를 잡고 미역을 따고 있었습니다. 가까운 곳에서 비행기 소리가 들리자 어부들이 두리번거렸습니다.

"웬 비행기야?"

"지나가는 비행기겠지, 뭐."

하늘을 쳐다보던 어부들은 다시 바다로 고개를 돌려 하던 일을 계속했습니다.

그때였습니다. 비행기가 요란한 소리를 내며 독도 가까이 다가오더니 폭탄을 떨어뜨리는 것이었습니다. 뒤이어 비행기는 고기잡이 배들을 향해 폭탄을 던지고 기관총을 쏘아 대기 시작했습니다. 순식간에 벌어진 일이었습니다.

배 위에 있던 어부들은 바다로 뛰어들었고, 독도에서 쉬고 있던 어부들은 동굴로 급히 몸을 피했습니다. 어떤 사람들은 태극기를 흔들며 손짓을 해 보았지만 헛수고였습니다. 여기저기에서 어부들이 무참하게 죽어 갔습니다. 초록빛 독도 바다는 피바다로 변했습니다. 네 차례에 걸친 사정없는 폭격이 끝난 뒤 비행기 한 대가 유유히 독도 하늘을 한 바퀴 돌더니 멀리 사라졌습니다.

이때 간신히 살아남은 사람들은 다음 날 지나가던 고깃배에 의해 구조되었습니다. 울릉 경찰서는 이때 구조된 사람들한테서 전날 있었던 일을 전해 듣고는 급히 독도로 구조선을 보냈습니다. 다음 날 구조선은 처참하게 죽은 두 사람의 시체만 싣고 돌아왔습니다. 이 사건이 신문에 보도되자 온 국민은 울분을 터트리고 슬픔에 잠겼습니다. 1948년 6월 8일에 일어난 이 어처구니없는 잔인한 폭격은 오키나와에서 출격한 미군 폭격기 B29가 벌인 짓이었습니다.

그로부터 4년 뒤인 1952년 9월 15일에도 미군 폭격기 한 대가 독도 하늘에 다시 나타나 폭탄 네 발을 떨어뜨렸습니다. 이 날도 독도 둘레 바다에서 고기를 잡고 있던 어부와 해녀들이 많이 있었지만 다행히 큰 피해는 입지 않았습니다.

그 무렵 일본은 제2차 세계대전의 패전국이었습니다. 수도 도쿄에 설치된 연합군 사령부가 독도를 미군의 해상 폭격 연습지로 지정한 것입니다. 연합군의 일본 점령이 끝나면서 미국과 일본은 독도가 일본 땅이라고 자기들끼리 합의했다고

울릉도 해녀 기념비

합니다. 우리나라에는 전혀 알리지도 않고 말입니다.

독도를 놓고 벌어진 한국과 일본의 다툼에서 미국은 일본 편을 들었습니다. 해방이 되었으니 독도가 우리에게 되돌아오는 것은 당연합니다. 그런데 미국은 우리 땅을 일본에 주려고 했습니다. 도대체 왜 그랬을까요?

1951년 9월, 샌프란시스코강화조약(대일평화조약)이 맺어졌습니다. 이 조약은 아시아태평양전쟁을 공식적으로 끝내고, 전쟁으로 입은 피해 배상을 결정하고, 승전국인 미국·영국 등 연합국과의 관계를 정상화하기 위해서 체결되었습니다. 이 조약을 맺기 위해 열린 회담에는 일본과 전쟁을 벌인 52개 나라가 참가했습니다.

하지만 그 어느 나라보다 일본에게 많은 피해를 입은 우리나라는 이 회담에 참여하지 못했습니다. '한국은 패전국의 식민지이므로 연합국이 아니다'라는 이유 때문이었습니다.

샌프란시스코강화조약에 일본이 제출한 여러 가지 서류에는 이런 말들이 있습니다.

"다케시마를 일본령으로 두어야 미국이 그곳에 무선이나 레이더 기지를 설치할 수 있다."

"울릉도와는 달리 다케시마는 한국 명칭이 없으며 한국이 그 권리를 주장한 적이 없다. 그 섬은 점령 기간에 미군의 폭격 연습장으로 사용되어 왔으며, 기상 관측소 및 레이더 관측 기지로 사용할 수 있는 가치가 있다."

일본은 독도가 지도에는 나타나지 않고 이름도 없었다는 말도 안 되는 거짓말을 한 것입니다. 하지만 당시 우리나라는 여기에 대항할 힘을 가지고 있기는커녕, 국제적으로 이런 일이 벌어지고 있는지도 새까맣게 몰랐습니다.

일본은 자기네 영토도 아닌 오키나와를 미군 기지로 빌려주고, 뒷날 그것을 자기네 영토로 만든 적이 있습니다. 본디 독립 왕국 류큐국을 합병하여 일본 영토 오키나와로 만든 것입니다. 독도도 그와 같은 방식으로 미국 공군의 폭격 연습장으로 내주었다가 뒷날 돌려받으려고 작정했던 것 같습니다.

그러니 미국이 독도 문제에서 일본 편을 드는 게 당연했습니다. 다행히 다른 연합국들이 독도를 일본 영토에 포함시키려는 미국과 일본의 시도를 막았습니다. 뉴질랜드와 영국이 미국 의견에 동의하지 않아 독도는 일본 영토에 들어가지 않았지만, 그렇다고 한국 영토에 들어가지도 않았습니다. '독도'라는 이름을 아예 조약에서 빼고 만 것입니다. 미국은 오늘날까지 '독도는 한국 땅'이라고 말한 적이 단 한 번도 없습니다.

  독도 문제는 무엇보다 외교적인 노력이 중요합니다. 여태껏 우리나라는 일본의 노련한 외교에 번번이 당해 왔습니다. 독립과 한국전쟁, 그리고 그 뒤에 계속된 정치적인 불안까지 겹치면서 우리 땅인 독도를 세계에 알리려는 노력을 게을리했기 때문입니다. 어찌 보면 미국이나 일본보다 힘이 약한 나라의 슬픔일 수도 있습니다. 그러나 한국도 일본에 맞설만한 경제력을 갖추고 있으며, 해양 영토에 각별히 관심 갖고 있습니다. 그렇기 때문에 우리 땅에 대한 권리를 잘 지켜서 후손에게 독도를 제대로 물려줄 것입니다.

독도경비대원이 키우는 삽살개
1992년부터 한국삽살개재단에서 독도지킴이견으로 삽살개를 보내 독도를 지키고 있다.

독도를 지킨 사람들 6

지금까지 독도가 우리 땅으로 남아 있게 된 것은 독도를 지켜 온 사람들이 있었기 때문입니다. 평범한 백성이었던 그들은 나라로부터 어떤 지원이나 보상도 받지 못했습니다. 오히려 죄인이 되어 옥살이를 하거나 억울하게 처형되기도 했지요. 이런 억울함을 당하면서도 용감하게 나서서 우리 섬 독도를 지키려고 했던 이들은 누구일까요?

김한경의 억울한 죽음

김한경은 조선 성종 임금 때 사람입니다. 당시 함경도 사람들에게 삼봉도가 이상향으로 알려지면서 갖가지 뜬소문이 나돌자, 성종 임금은 삼봉도라는 섬이 진짜로 있는지 알아보라고 명령했습니다. 관리들은 김한경이 여러 차례 삼봉도에 다녀왔다는 소문을 듣고 곧장 그를 찾아냈습니다.

처음에 성종 임금은 관리를 파견해 삼봉도를 탐사하게 했습니다. 그런데 임무를 맡은 양반 관료들은 험한 바닷길에서 모험하기가 싫어 탐사도 하지 않고, 삼봉도가 애초부터 없는 섬이었다고 보고했습니다. 그러고는 김한경을 백성과 임금을 속인 죄인으로 몰아 극형을 내렸습니다. 또 김한경의 딸은 역적의 자식이라 하여 노비로 만들었습니다. 《조선왕조실록》에는 김한경의 딸 김귀진을 왕실의 친족에게 주었다가 열여섯 살이 되자 공노비로 만들었다는 기록이 남아 있습니다.

김한경은 소문으로만 떠돌던 삼봉도에 대해 가장 잘 알고 있는 사람이었습니다. 삼봉도가 단순히 상상의 섬이 아니라 실제로 있는 섬이라고 생각한 그는 직접 그곳을 찾아내려고 했습니다. 옛 문

108쪽 사진 설명 독도의 서도 선착장. 독도 방문단이 배에서 내려 서도에 오르고 있다. 독도는 1982년 천연기념물 제336호로 지정되어 1회 입도 인원을 제한하고 신고제로 운영하고 있다.

조선왕조실록

헌 중에는 그가 이미 여러 차례 울릉도와 독도에 다녀왔다는 기록도 있습니다. 뜬소문처럼 나돌던 삼봉도를 찾아 직접 배를 몰고 탐험한 김한경은 바다가 무서워 출항하지도 못한 비겁한 양반들의 모함을 받아 죽었습니다.

아무도 거들떠보지 않던 미지의 섬을 찾아 항해를 시도한 용감한 탐험가를 어째서 죽음에 이르게 했을까요? 다른 나라에 이와 같은 탐험가가 있었다면 달리 대접받지 않았을까요? 김한경의 억울한 죽음은 조선시대 관리들이 바다와 섬을 얼마나 소홀히 생각했는지 알 수 있게 합니다.

의로운 관리 이규원

김한경을 억울한 죽음으로 몰고 간 비겁한 관리들도 있었지만, 모두가 그런 것은 아니었습니다. 조선시대 말 관리인 이규원은 울릉도를 본격적으로 탐사하고 기록을 남겨 놓았습니다. 나중에 수많은 육지 사람들이 울릉도에 들어가 살 수 있도록 터를 닦아 놓았습니다.

이규원은 울릉도, 제주도, 함흥, 단천, 풍천, 진도, 통진과 같은 바닷가에서 벼슬살이를 했습니다. 그런 만큼 바닷가의 속사정을 잘 알았습니다. 제주도에 부임했을 때는 일본 어민을 추방하고 어업을 금지한 적도 있습니다. 그러나 이규원이 한 일 가운데 가장 눈여겨보아야 할 것은 울릉도 땅에 대한 권리를 지킨 일과 독도를 중요하게 여긴 일입니다.

안용복의 활약으로 에도 막부가 울릉도를 조선 땅이라고 인정한 뒤부터 왜구의 울릉도 침략은 잠시 주춤했습니다. 하지만 메이지 정부가 들어서면서 일본인은 또다시 울릉도에 몰래 들어와 고기를 잡고 나무를 베어 갔습니다. 고종 임금은 울릉도를 더 이상 빈 땅으로 버려두어서는 안 되겠다고 판단하고 검찰사를 파견하기로 했습니다. 바로 이때 울릉도 검찰사로 임명된 사람이 이규원입니다.

울릉도로 떠나기 전 이규원은 고종 임금으로부터, 울릉도를 개척하기 위해 환경을 자세히 조사하고 그곳에 몰래 들어와 있는 일본인을 살펴보라는 명령을 받습니다. 하지만 고종이 명령한 것은

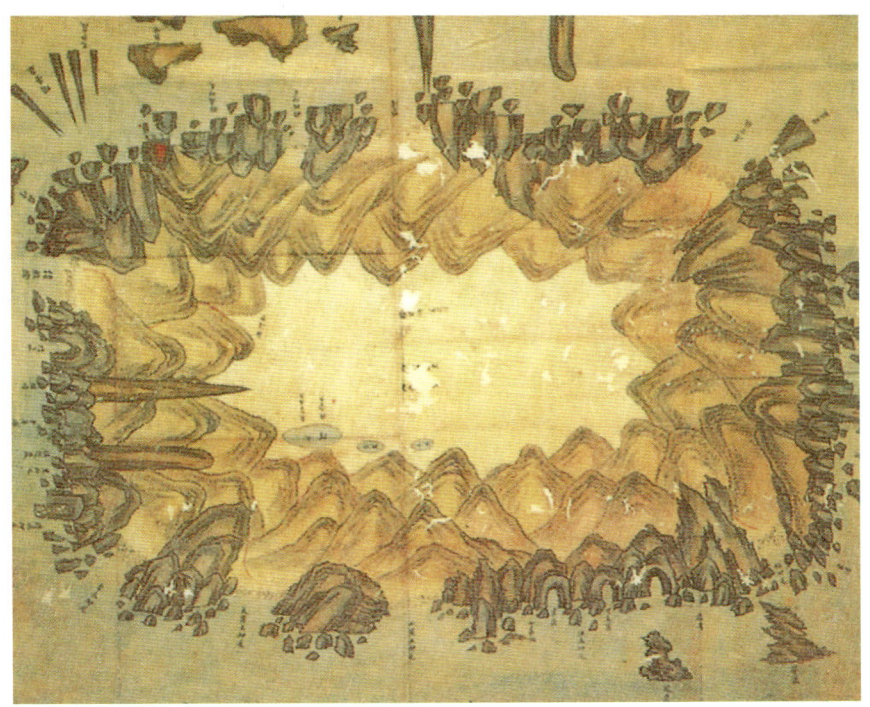

울릉도 외도 울릉도 검찰사 이규원이 울릉도의 지형과 주변의 섬을 조사하여 1882년에 제작한 지도

그뿐만이 아닙니다. 《승정원일기》와 《고종실록》에는 고종 임금과 이규원이 나눈 대화가 남아 있습니다.

"요즘 울릉도에 다른 나라 사람들이 함부로 들락날락한다고 하니 잘 살펴보라. 또한 섬 둘레에 송죽도와 우산도가 있다는데 얼마나 떨어져 있는지 알아보고, 그곳에서 어떤 물건이 나는지도 자세히 조사하라. 울릉도에 장차 읍을 설치할 계획이니, 반드시 별도의 문서와 그림으로 상세히 보고하라."

"삼가 마땅히 힘껏 살피겠습니다. 우산도는 곧 울릉도입니다. 우산은 옛날 나라 이름이라고 합니다. 송죽도는 작은 섬인데, 울릉도에서 30리쯤 떨어져 있으며 단향과 간죽이 나고 있습니다."

"어떤 사람은 우산도라 하고, 어떤 사람은 송죽도라 하는데 모두 〈동국여지승람〉에 나오는 이름이다. 또한 송죽도와 우산도를 일컬어 3도라 부르기도 하고 모두 울릉도라고 통칭하기도 한다. 어찌 된 일인지 알아보라. 울릉도는 본래 삼척 영장과 월송의 만호(무관에게 내린 관직)가 돌아가며 지켜야 하는데 건성으로 검찰해 왔기 때문에 이러한 폐단에 이르렀다. 귀관이라면 반드시 상세하게 검찰할 수 있을 것이다."

"삼가 마땅히 깊이 들어가 검찰하겠습니다. 송죽도는 송도와 죽도를 일컫는데, 울릉도의 동쪽에 있다고 합니다."《조선왕조실록》

고종은 울릉도 가까이에 있는 섬들에 대해 자세히 알고 싶었던 것 같습니다. 고종은 울릉도와 독도를 놓고 일본과 다툼이 있을 것임을 충분히 짐작하고 있었습니다. 그래서 이규원에게 일본인들이 왜 울릉도를 죽도라 부르고, 독도를 송도라 부르는 것인지 정확히 알아 오도록 한 것입니다. 대화를 살펴보면 이규원은 이미 독도에 대해 비교적 자세히 알고 있었던 것 같습니다. 다만 당시 일본에서 울릉도를 죽도라고 불렀던 것과 송죽도가 울릉도 옆의 죽서도를 가리킨다는 것은 몰랐던 듯합니다.

 검찰사 이규원은 단순히 울릉도에 몰래 들어오는 일본인들을 감시하고 울릉도 개척을 준비하기 위해 파견된 것은 아니었습니다. 더 중요한 임무는 독도가 정확히 어디에 있는지, 그리고 개척할 수 있는 땅인지를 알아 오는 것이었습니다.

 검찰사 일행은 1882년 4월 29일 울진의 구산포를 출발했습니다. 다음 날 울릉도에 도착한 이규원은 걸어서 섬의 구석구석을 답사했을 뿐 아니라 배를 타고 섬 둘레를 조사했습니다. 이때 이규원은 울릉도에 들어와 있던 조선인과 일본인을 만나고 소황토구미(학포), 대황토구미(태하), 소저포(저동), 도항(섬목)과 같은 마을을 찾아가 보았습니다. 아마도 임금의 명령을 받고서 이렇게 울릉도를 샅샅이 살펴본 사람은 처음일 것입니다.

이런저런 조사 끝에 이규원은 울릉도가 사람이 살기에 좋은 땅이며, 공도 정책에도 불구하고 이미 많은 사람이 살고 있다는 것을 확인했습니다. 사람들은 미역을 따거나 연죽(담뱃대를 만드는 데 쓰는 대나무)을 채취하거나, 배를 만들며 살고 있었습니다. 약초를 캐거나 벌목하기 위해, 또는 배가 망가져서 울릉도에 들어와 잠깐 머무는 사람들도 간혹 있었습니다.

특이한 것은 경상도나 강원도같이 비교적 가까운 곳에 살던 사람보다 전라도 사람이 많이 들어와 살고 있다는 점이었습니다. 이들이 먼 바다를 항해하여 울릉도까지 왔다는 것은 그 무렵 어부들

울릉도 개척을 상징하는 특산물, 명이

울릉도 나리 분지에는 산나물의 일종인 '명이'가 자란다. 울릉도를 개척할 무렵 이곳으로 이주한 사람들은 겨울을 지내고 나면 식량이 바닥나 굶주림에 시달렸다. 그때 눈 속에서 올라오는 이 나물을 캐서 먹으며 '명(목숨)을 이었다.'고 해서 붙여진 이름이다. 이렇게 명이는 울릉도 개척 시대의 상징물이다. 많은 사람들이 함부로 따서 많이 줄기는 했지만, 명이는 부지갱이, 삼나물, 고비, 땅두릅, 산마, 더덕, 미역취, 도라지와 더불어 울릉도의 특산물에 속한다.

명이(위)와 삼나물(아래)

의 항해술이 상당히 발달해 있었다는 증거입니다.

이규원은 울릉도에서 일본인도 많이 만났습니다. 그들은 난카이도(지금의 시코쿠, 긴키 일부), 산요도(지금의 추코쿠 일부), 도카이도(지금의 간토, 추부, 긴키 지방 일부)와 같이 일본 여러 곳에서 온 사람들이었습니다. 일본인은 마치 울릉도가 자기네 땅이라도 되는 듯 활개 치고 다녔습니다.

이규원은 포구에서 만난 일본인에게 항의했습니다.

"울릉도는 수천 년 전부터 우리 땅이었고, 우리 조선은 수백 년 동안 관리를 보내 이 땅을 지켜 왔다. 너희가 함부로 남의 땅에 들어올 수는 없다."

"울릉도가 조선 땅이라는 말은 들어 보지도 못했다."

일본인은 이렇게 말하며 나무 푯말 하나를 가리켰습니다. 푯말에는 일본어로 이렇게 씌어 있었습니다.

임오명 각석문 울릉도를 개척하고 사람이 살도록 허용한 1882년(임오년)에 새긴 것으로, '검찰사 이규원'이라는 글자와 '울릉도'라는 글자를 찾아볼 수 있다.

'명치 2년(1869년) 2월 13일 세우다 - 대일본제국 송도'

그러면서 일본인은 이 푯말이 있는 주변이 모두 자신들의 땅이라고 했습니다. 남의 나라 땅에 들어와 무턱대고 푯말을 세우고 억지를 썼던 것이지요. 이규원은 이에 대꾸하지 않고 석수장이를 불러 이렇게 말했습니다.

"울릉도란 이름과 내 이름을 돌에다 새기게나."

울릉군 이곡면 학포에는 '울릉도'라고 새긴 돌이 남아 있는데, 이

투막집(왼쪽)과 너와집 춥고 바람이 많은 지역에서 살 수 있도록 지어진 투막집과 너와집은 울릉도 개척민의 역사를 말해 준다. 특히 울릉도 나리 분지에 있는 이 투막집은 고종 임금 시대의 집 형태를 그대로 가지고 있다.

규원이 이때 새겨 놓은 것으로 추측됩니다.

　이규원이 철저히 조사한 덕분에 조선은 비로소 울릉도와 독도에 대한 제대로 된 정보를 갖게 되었습니다. 그뿐 아니라 우리 땅을 지키고 개척할 수 있는 자신감도 얻었습니다. 이규원의 보고를 받은 고종 임금은 곧장 울릉도를 개척하라고 명령했습니다.

　이에 따라 조선 정부는 일본 외무성에 울릉도를 마음대로 침입하지 말 것과 함부로 나무를 베어 가지 말 것을 강력하게 요청했습니다. 일본 정부는 조선의 요구를 받아들여, 1883년 울릉도에 있는 일본인을 모두 떠나게 하고 불법으로 나무를 베는 것도 그만두게 했습니다.

　그해 3월, 조선은 공도 정책을 끝내고 울릉도·독도 개척 정책을 펴기 시작했습니다. 백성들을 울릉도로 이주시키기도 했지요. 섬을 비우게 한 지 450여 년 만의 일입니다.

자랑스러운 독도 지킴이

　1950년 무렵 우리나라가 한국전쟁으로 혼란스러운 틈을 타 일본

동도에 있는 영토 표석

인은 또다시 동해를 기웃거리기 시작했습니다. 바로 그때 피를 흘리며 독도를 지킨 사람이 있습니다. 울릉도 사람들은 무기를 들고 독도에 들어가서 헌신적으로 독도를 지켰습니다. 이들은 어떤 지원도, 아무런 보상도 없이 일본과 싸워 독도를 지켜 낸 것입니다. 그러다가 1956년 12월, 독도 수비는 대한민국 경찰한테로 넘어가게 됩니다.

지금까지 여러 사람들의 손으로 독도는 지켜져 왔습니다. 자신

독도박물관 1997년 울릉도 도동에 문을 연 독도박물관

의 모든 것을 내놓고, 때로는 목숨까지 아끼지 않고 독도를 지켜 온 사람들 중에는 이규원 같은 양반 사대부도 있었지만 김한경, 안용복 같은 평범한 이들도 있었습니다.

그런가 하면 초대 독도박물관장을 지낸 서지학자 이종학 선생님도 훌륭한 독도 지킴이입니다. 그는 평생 동안 일본을 오가며 모은 지도, 신문, 잡지, 책 등 독도 관련 자료 500여 점을 기증하여 독도박물관이 설 수 있는 기초를 마련했습니다.

오늘날에도 독도를 지키기 위해 애쓰는 사람들이 많이 있습니다. 해양 영토를 수호해 온 해양경찰들, 독도 어장을 지키고 있는 어민들, 멀리 제주도에서 독도까지 와서 물질하는 제

한국령 독도의 동도 바위에는 우리나라 땅임을 표시하는 '한국령'이라는 글자가 새겨져 있다.

강치 기념비

독도 접안 시설에 세운 독도 강치 기념비. 비문은 이 책의 저자가 썼으며 이 책의 제목과 같다.

강치야 독도야 동해바다야!
사라져 간 강치를 기념하여 비를 세우노니
우리나라 영토 지킴이가 되어 주소서

주 해녀들도 소중한 지킴이입니다. 독도로 집주소를 옮긴 독도 주민 최종덕, 독도에 최초로 나무를 심고 가꾸어서 나무와 풀이 자라는 아름다운 섬으로 만든 식물 전문가 이석창, 독도를 지키고 알리는 데 앞장서는 해외교포 등도 독도를 지켜온 사람들입니다.

누구나 독도 지킴이가 될 수 있습니다. 이 책을 읽는 어린이 여러분도 물론 독도 지킴이가 될 수 있습니다. 일본이 왜 그토록 독도를 탐내는지 정확히 알고 독도와 관련된 역사를 제대로 이해한다면, 일단 그것만으로도 독도 지킴이가 될 수 있는 자격이 생긴 것입니다.

바다를 잃으면 모든 것을 잃는다 7

독도는 바다에서 우리나라의 힘이 어느 정도인지 시험하는 잣대가 될 것이 분명합니다. 러일전쟁이 일어난 곳도 독도에서 가까운 바다였습니다. 우리 주변의 나라들이 언제 다시 독도 가까이에서 싸움을 벌일지 모릅니다. 우리는 천 년 뒤를 내다보고 계획을 세워야 합니다. 전 세계 사람들에게 독도가 왜 우리 땅인지를 잘 설명할 수 있어야 합니다.

반칙왕 일본

우리나라는 삼면이 바다로 둘러싸여 있습니다. 그러니까 바다는 우리에게 참 소중한 공간입니다. 하지만 역사를 살펴보면 우리 조상은 바다를 그다지 소중하게 생각하지 않았던 것 같습니다. 울릉도나 독도를 다른 민족의 침입으로부터 지키려는 노력이 부족했던 것도 그렇고, 바닷가에 사는 사람들을 천시한 것을 봐도 그렇습니다.

우리가 가진 것을 잘 지키려면 먼저 잘 알아야 합니다. 독도에 대해 제대로 알고 있지 않으면 지킬 수 없습니다. '독도는 우리 땅'이라고 소리 높여 외치면서도 독도가 왜 우리 땅인지 설명할 수 없다면 얼마나 우스울까요? 우리 스스로 확신이 있고, 독도를 잘 알고 있다면 다른 나라 사람에게도 독도가 일본 땅이 아니라 대한민국 땅이라고 자신 있게 주장할 수 있을 것입니다.

일본 사람 중에도 생각이 올바르고 양심적으로 행동하는 사람들이 많습니다. 그런데 그 사람들도 독도 문제만큼은 올바르게 판단하지 못합니다. 또 일본 학생들이 공부하는 역사 교과서에는 한국과 중국, 일본에 대한 역사적 사실을 잘못 적어 놓은 게 많습니다.

124쪽 사진 설명 망망대해에 외롭게 떠 있는 독도. 동해 한복판에 솟아오른 듯 물 위에 떠 있는 이 작은 섬은, 폭이 12킬로미터에 달하는 바다산의 봉우리이고, 해양 영토를 생각하면 그 넓이는 몇 배에 달한다.

과거에 잘못한 부분을 인정하지 않고 역사를 왜곡한 것이죠.

일본의 잘못된 역사 교과서를 바로잡기 위해 한국과 중국, 그리고 일본의 양심적인

일본의 교과서 왜곡 일본 정부는 역사 교과서 왜곡에 이어 지리 교과서에 '독도는 일본 고유의 영토로 한국이 불법 점유하고 있다.'는 내용을 넣었다.

사람들이 시민단체를 만들어서 활동하고 있습니다. 하지만 이 단체에서조차 독도 이야기만 나오면 일본인은 발을 뺀다고 합니다. 일본에서도 독도 문제는 온 나라가 중요하게 생각하고 있어서, 조금 다른 의견을 말했다가는 금세 곤란한 처지가 되기 때문입니다.

일본은 매우 교묘하게 다른 나라의 바다를 침입하고 있습니다. 독도만 하더라도 러일전쟁 시기의 식민지 상황을 이용해 우리나라에는 알리지도 않고 시마네현에 슬쩍 편입시켜 놓았습니다. 그러고 나서 나중에 울릉도 군수에게 알리는 식으로 얼렁뚱땅 넘어가려 했습니다. 국제외교상 있을 수 없는 반칙을 한 것입니다.

중국과의 관계에서도 마찬가지입니다. 중국 영토인 댜오위다오 (타이완 동쪽에 있는 무인도로, 일본에서는 '센카쿠 열도'라고 부르며 영유권을 주장하고 있다.)는 1943년 카이로선언과 1945년 포츠담선언에서 중

국에 돌려주어야 한다고 명확히 규정되었으나, 일본은 이를 지키지 않았습니다. 일본은 국제적인 반칙왕입니다.

동해일까, 일본해일까?

일본은 작은 섬 독도 하나에만 욕심내는 것이 아닙니다. 우리가 알고 있는 우리의 바다 '동해'가 세계지도에서는 '동해'가 아닙니다. 세계지도의 90퍼센트 이상이 동해(East Sea)가 아닌 일본해(Sea of Japan)라고 나타내고 있습니다. 우리는 '동해물과 백두산이 마르고 닳도록……'이라는 애국가를 부르며 살고 있는데, 다른 나라 사람들은 그 바다를 '일본해'라고 부릅니다. 요즘 들어 우리의 관심이 독도에 많이 쏠려 있는데도 정작 이 문제에 대해서는 거의 신경을 쓰고 있지 못합니다.

우리나라 옛 문헌에 '동해'라는 말이 처음 나타난 것은 고구려 때입니다. 2천 년 넘게 동해로 불러 온 것이지요. 통일신라시대는 물론이고 고려시대, 조선시대에도 동해라고 불렀습니다. 당연히 한반도에서 만들어진 모든 지도에는 '동해'라고 적혀 있습니다. 그런

1774년 영국에서 그린 중국과 우리나라 지도

데 왜 세계지도에는 일본해로 되어 있고, 전 세계 사람들은 동해가 아닌 일본해로 알고 있을까요?

　일본은 1854년 미국을 시작으로 서구의 여러 힘센 나라들과 차례대로 교류했습니다. 그때 조선은 아직 세계를 향해 문을 열지 않은 상태였습니다. 그러다 보니 서구인이 만든 세계지도에는 일본이 중심이 되어 일본해라고 적혀 있습니다.

더욱이 일본은 1910년 한일병합 이후에 우리 의견은 묻지도 않고 마음대로 동해를 일본해로 바꿀 수 있었습니다. 1929년 열린 국제수로기구(IHO)에서 처음 바다 이름을 공식화했을 때, 우리나라는 일본의 식민지였습니다. 따라서 우리나라 사람은 한 명도 회의에 참석할 수 없었고, 우리 의견을 말할 수도 없었습니다.

그때 '일본해'라는 이름이 국제적으로 인정받게 되었고, 우리도 모르는 사이에 우리 뜻과 상관없이 '동해'가 '일본해'로 바뀐 것입니다. 그러니 국제수로기구 회의의 결정 과정 자체가 잘못되었습니다.

그 전에도 일본을 방문한 서구인이 '일본해'라는 표현을 쓰긴 했지만, 그때는 '한국해'와 '동해'도 함께 사용했습니다. 그러나 국제기구의 공인을 받고 나서는 어떻게 해볼 수도 없이 결정되어 버렸습니다. 식민지 시절의 아픔입니다.

지금 잘못된 이름을 바로잡기 위해 여러 사람들이 애쓰고 있으나 일본이 순순히 받아들일 리 없습니다. 이것은 아직도 일본이 우리나라를 강제로 지배했다는 점을 반성하지 않고 있음을 보여 주는 좋은 예입니다. 지도에 적힌 일본해가 동해로 바뀔 날이 멀게만 여겨집니다.

희망은 없을까요? 우리나라 정부의 노력도 중요하지만, 북한과 힘을 합치는 것도 좋은 방법입니다. 북한은 줄기차게 동해를 '조선해'나 '조선 동해'라는 이름으로 불러 왔습니다. 우리와 북한이 함께 대응한다면 좀 더 유리하지 않을까요?

또 있습니다. 바로 시민의 힘입니다. 인터넷 공간을 통해 동해 되찾기, 독도 영유권, 역사교과서 왜곡 같은 문제를 놓고 세계에 우리 의견을 알리고 있는 사이버외교사절단 '반크(www.prkorea.com)'가 있습니다. 이들의 활약으로 이제껏 '일본해'로만 표기하던 세계적인 잡지 《내셔널 지오그래픽》이 일본해와 동해 두 가지를 다 쓰기로 했습니다. 또한 자기 돈을 들여 '동해'라고 적힌 옛 지도를 전 세계에서 수집하는 사람들도 있습니다.

일본이 아무리 힘으로 밀어붙인다고 해도 우리 시민의 힘을 꺾을 수는 없을 것입니다. 한일 갈등이 심해지면서 점점 강해지는 일본의 국가주의를 막는 일은 바로 올바른 양심을 가진 두 나라 시민의 몫입니다. 이 땅의 미래의 주역인 어린이들도 이런 책을 읽으면서 독도와 동해 문제에 해박한 시민 주체로 성장해 나갈 것입니다.

200해리 해양 주권 시대

지구에는 대략 500만 개의 섬이 있습니다. 이 섬들의 총면적은 육지의 약 7퍼센트라고 합니다. 그런데 이 섬들을 둘러싸고 늘 싸움이 그치지 않습니다.

오늘날은 200해리 주권 시대입니다. 어떤 나라에 딸린 섬이 있다면, 그 섬에서부터 200해리 떨어진 곳까지 주권을 인정하기로 유엔이 합의했습니다. 이것을 배타적 경제수역(EEZ)이라고 합니다. 우리나라는 동쪽으로 가장 멀리 떨어져 있는 섬 독도로부터 200해리를 계산해야 합니다. 만약 독도가 우리 땅이 아니라고 한다면, 울릉도에서부터 200해리 되는 곳까지만 우리나라가 주권을 갖게 됩니다. 아무리 작은 섬이라도 중요한 이유가 그 때문입니다.

세계 모든 나라는 자신들의 배타적 경제수역을 확보하기 위해 안간힘을 쓰고 있습니다. 특히 일본은 필리핀 북쪽에 있는 작은 산호초 오키노도리를 자신들의 영토로 만들기 위해 애쓰고 있습니다. 중국은 오키노도리가 '겨우 물 위에 목만 내밀고 있는 바위이기 때문에 배타적 경제수역의 기점이 될 수 없다'고 반발하고, 유엔 해양법도 '자연적으로 형성된 육지'만을 경제수역의 기점으로 삼는다고 못 박고 있습니다. 그런데도 일본은 암초에 방파제를 세우는 등 온갖 수단을 써서 오키노도리를 섬으로 만들어 가고 있습니다.

그런가 하면 타이완 북동쪽에 있는 댜오위다오나 태평양 한복판에 있는 미나미도리도 일본이 중국, 타이완, 필리핀 등 이웃 나라들과 다툼을 벌이고 있는 섬입니다. 일본이 만약 독도, 댜오위다오, 오키노도리, 미나미도리, 이렇게 섬 네 곳을 모두 확보한다면 배타적 경제수역이 무려 405만 제곱킬로미터에 이르러 본래 영토(38만 제곱킬로미터)의 10배가 넘는 바다의 주권을 가지게 되는 것입니다. 일본이 작은 섬 독도에 왜 그렇게 눈독을 들이는지 잘 알겠지요? 그뿐만 아니라 일본은 홋카이도 북쪽의 섬 네 곳을 러시아한테서 빼앗아 오기 위해 오랫동안 분쟁을 벌이고 있으니, 일본의 영유권 욕심은 정말 끝이 없습니다.

이번에는 또 다른 이웃 나라 중국의 태도를 살펴볼까요? 중국은 고구려와 발해의 역사를 자신들의 역사로 둔갑시키는가 하면 한반도에서 한강 북쪽 땅은 본래 중국의 지방 정부였다는 식의 역사 왜곡을 서슴지 않고 있습니다. 심지어는 백두산도 자신들의 것이라고 합니다. 중국과 우리나라 사이의 해양 영토 분쟁도 얼마든지 일어날 수 있습니다. 현재 두 나라 사이의 서해 영역권도 분명하지 않고, 제주도 서남쪽에서 석유가 날 가능성이 높아지면서 대륙붕을 둘러싼 다툼도 시작되고 있습니다.

영토, 영해, 배타적 경제수역

영토는 한 나라의 통치권이 미치는 구역 중에서 땅으로 된 부분을 말한다. 영해는 영토에서 가까운 바다를 가리킨다. 역시 그 나라의 통치권이 미치는 범위이며, 해수면이 가장 낮은 썰물 때의 해안선을 기준으로 12해리(약 22.2킬로미터)까지를 영해로 정하고 있다. 배타적 경제수역이란 해안으로부터 200해리(약 370.4킬로미터) 안에 들어가는 바다를 구분지어 말한다. 한 나라는 배타적 경제수역 안의 어업과 광물 자원 등에 대해 모든 경제적 권리를 가진다. 또한 그 구역의 해양 오염을 막기 위해 규제도 가능하다.

독도를 둘러싼 배타적 경제수역
❶ 일본이 주장하는 배타적 경제수역
❷ 우리나라가 주장하는 배타적 경제수역

중국은 우리가 이어도 해양과학기지를 만들 때 여러 차례 항의했으며, 지금도 비밀리에 항공 정찰기를 보내 이어도를 감시하고 있습니다. 이어도 해양과학기지는 비록 암초에 지나지 않아 국제법상 영해권을 주장할 수는 없는 곳입니다. 그러나 엄연히 한반도에 딸린 대륙붕에 솟아오른 암초이기 때문에 당연히 우리의 영역이며, 바로 그런 점에서 오키노도리 등과는 다릅니다.

노랫말 중에 '백두에서 한라까지'라는 말이 있는데 절반은 맞고, 절반은 틀립니다. 남쪽의 끝은 흔히 마라도라고 알고 있지만, 그보다 더 남쪽에 이어도 해양과학기지가 바다 위에 우뚝 서 있다는 것을 잊어서는 안 됩니다. 이어도에서 발해 땅에 이르기까지 우리의 역사적 상상력을 넓혀 볼 필요가 있습니다.

자기 나라의 영유권만을 주장하며 온 바다를 손아귀에 넣으려는 일본의 욕심은 잘못된 것입니다. 역사를 왜곡하면서까지 영유권 확장에 골몰하는 중국의 태도 역시 올바르지 않습니다. 여기에 미국도 일본과 힘을 합쳐 중국을 견제하고 있습니다. 이러한 강대국들 사이에 한반도가 있습니다.

몇 가지 분명히 해야 할 것이 있습니다. 영토 주권을 침해하는 일에 대해서는 한 발짝도 물러설 수 없습니다. 우리는 이 시대를

당빌의 지도 프랑스 지도 제작자 당빌(1730년)이 만든 '조선왕국 전도'. 독도가 우리 땅임을 잘 표현했다. 우리 대통령이 스페인에 갔을 때 스페인 국회의 상원에 소장되어 있는 이 지도를 일부러 보여 줌으로써 독도가 한국 땅임을 세계에 알렸다(같은 지도가 한국의 동북아역사재단과 국립해양박물관에도 소장되어 있다).

살다 갈 뿐이지만 영토의 주권은 후손에게 대대로 물려주어야 하기 때문입니다. 그동안 우리는 '육지 영토'만 중요하게 생각해왔습니다. 그렇다면 이제는 '바다 영토'에도 관심을 가져야 할 때입니다. 그리고 강대국들이 꾀하는 영토 분쟁에 능동적으로 대처해야 합니다.

일제의 침략으로 고난을 받던 시절에도 안중근 의사는 '동양평화론'을 내놓으며 어떻게 하면 동양의 여러 나라가 함께 평화롭게 살

독도 의용수비대 1953년 4월 울릉도 주민 33명이 독도를 지키기 위해 구성한 민간 부대. 1956년 12월 독도경비대에 임무를 완전히 넘겨줄 때까지 독도를 지켰다.

독도 이사부길 표식

대한민국 제일 동쪽의 우체통 독도의 우편번호는 40240이고, 주소는 경상북도 울릉군 독도리, 도로명주소는 경상북도 울릉군 독도이사부길이다.

수 있는지 말했습니다. 어렵고 힘들 때일수록 이겨서 차지하는 방법보다 함께 살길을 내다보던 담대한 마음이 있었기 때문에 나올 수 있었던 주장입니다. 우리도 그런 마음가짐을 본받아 중국, 일본, 한국이 평화롭게 살아갈 지혜를 모으려고 노력해야 합니다.

영토 주권을 다부지게 지켜 내면서도 동아시아의 평화를 만들어 가야 하는 우리의 과제는 어찌 보면 정말 어려운 일입니다. 그러나 전쟁과

평화는 동전의 양면 같은 속성을 지녔답니다. 거친 파도를 잔잔한 파도로 바꾸는 것, 이것이 바로 우리가 나서서 해야 할 일입니다. 그러기 위해서라도 앞으로는 육지와 바다를 꼭 함께 생각해야 합니다. '바다를 잃어버린 민족은 영원히 실패한다.'는 역사의 교훈이 우리에게도 예외가 아니기 때문입니다.

지도에서 찾아보는 우리 바다 동해

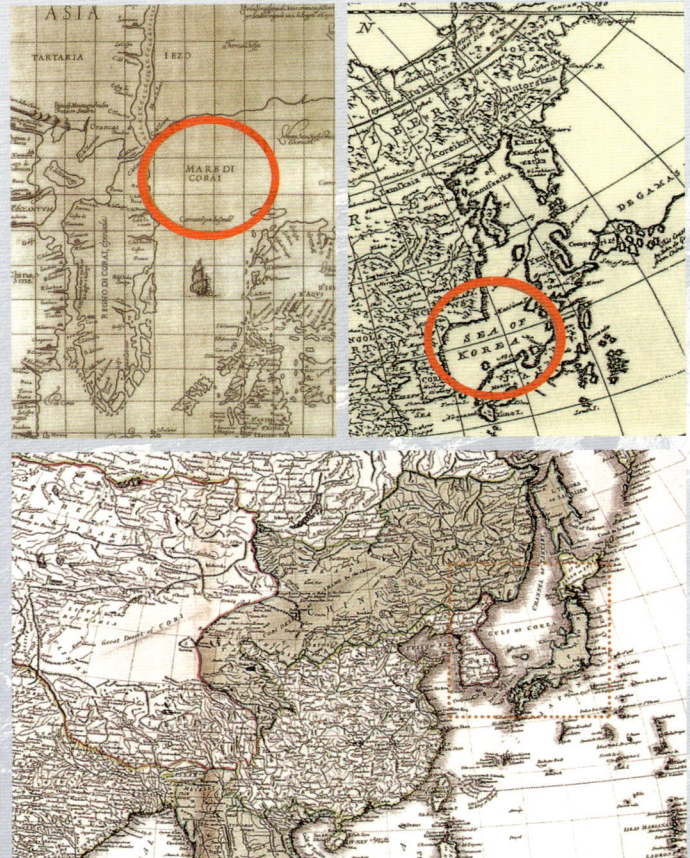

왼쪽) 1647년 영국에서 발행한 로버트 더들리의 지도 〈신비로운 바다〉 부분. 한국이 섬으로 잘못 그려져 있지만, 한국 동쪽에는 '한국해(MARE DI CORAI)'라고 적혀 있다.

오른쪽) 1752년 영국에서 발행한 에마누엘 보웬의 〈세계지도〉 부분. 이 지도는 18세기에 널리 알려진 세계 표준 지도다. 여기에서도 동해를 '한국해(SEA OF KOREA)'라고 썼다.

1808년 영국 윌리엄 페이든의 〈세계일반지도〉 부분. 동해를 '한국만(GULF OF COREA)'라고 썼으며, 대마도와 규슈 사이의 해협을 '대한해협(STRAIT OF COREA)'이라고 썼다.

1705년 프랑스에서 발행한 기욤 드릴의 〈인도와 중국 지도〉 부분. 당시에는 정확하기로 명성이 높은 지도였다. 우리나라와 일본 사이에 '동해 또는 한국해(MER ORIENTALE OU MER DE COREE)'라고 적었다.

1809년 일본에서 발행한 다카하시 가게야스의 〈일본변계약도〉. 다카하시는 일본 정부의 공식 지도를 제작하는 책임자였다. 한반도 동쪽에 '조선해(朝鮮海)'라고 적힌 것을 볼 수 있다. 일본에서도 '일본해'라는 이름을 사용한 것은 19세기 말부터다.

왼쪽) 2000년 미국에서 발행한 랜드 맥널리의 〈세계지도〉 부분. '일본해(SEA OF JAPAN)'와 '동해(EAST SEA)'를 함께 표기했다.

오른쪽) 2003년 프랑스에서 발행한 〈외교용 세계지도〉의 우리나라 지도. '동해(MER de l'Est)'를 먼저 쓰고, '일본해(Mer de Japon)'를 괄호 속에 넣었다.

2020년 우리나라 건설교통부의 국토지리정보원에서 발행한 〈대한민국 주변도〉 영문판 부분. 독도의 동쪽과 대마도의 서쪽에 국경선을 분명하게 표시했다.

한눈에 보는 독도와 울릉도의 역사

용암이 솟구치면서 화산섬 독도가 만들어지다.

《삼국지》〈위지동이전〉에 동해의 섬(울릉도)을 다룬 기록이 나오다.

이사부 장군의 정벌로 우산국이 신라에 속하게 되다.

고려 조정에서 울릉도에 신하를 보내 정황을 알아보다.

동북 여진의 떼도둑이 우산국을 들이치다.

울릉도에서 자라는 나무를 베어 와 팔만대장경 판목에 쓰다.

- 460~200만 년 전
- 기원전 1000~기원전
- 246년
- 414년
- 512년
- 930년
- 1018년
- 1031년
- 1059년
- 1157년
- 1246년
- 1416년

300년. 울릉도에 청동기시대 최초의 거주지가 생기다.

고구려 광개토대왕의 비문에 '동해'라는 명칭이 처음 등장하다.

우산국에서 고려 조정에 사신을 보내다.

울릉 성주가 아들 부어잉다랑을 고려 조정에 보내 토산물을 바치다.

고려 조정에서 울릉도 주민들을 이주시킬 계획을 짜다.

조선 태종이 섬을 비우게 하는 공도 정책을 펴다.

고종이 울릉도 개척령을 반포하다. 같은 해 일본 외무성은
《죽도고증》이라는 책을 발간하고, 독도가 일본 국경 바깥임을 밝히다.

《세종실록지리지》에 독도가
조선의 영토임을 밝히다.

안용복이 다시 일본에 가서
울릉도가 조선 땅임을 다짐받다.

울릉도에 몰래 들어와 살던
일본인을 쫓아내고 울릉도
독도 개척 정책을 세우다.
같은 해 4월 울릉도 개척단
54명이 들어가다.

《팔도총도》와
《신증동국여지승람》에
울릉도와 독도를 그려 넣다.

200여 년 계속된 공도 정책을
포기하고 울릉도를 본격적으로
관리하기 시작하다.

1454년 · 1476년 · 1530년 · 1693년 · 1694년 · 1849년 · 1859년 · 1873년 · 1881년 · 1882년 · 1883년 · 1898년

안용복이 일본에 가
울릉도가
조선 땅이라고
주장하다.

고종이 이규원을 울릉도
검찰사로 임명하여 독도가
울릉도 소속임을 밝히게 하다.

프랑스 리앙쿠르호가
독도를 발견하고
'리앙쿠르'라 이름 짓다.

울릉도를 공식적으로
행정 구역에 넣다.

함경도 사람
김자주가 삼봉도에서
강치를 발견하다.

일본인 다케시마 이치가쿠가
울릉도를 무인도로 생각하고
'송도 개척 의견서'를 내다.

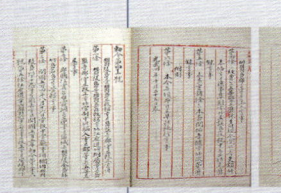

대한제국 정부의 칙령 제41호로
울릉도를 울릉군으로 승격시키다.

울릉도 주민들이 한국전쟁
공백기에 독도를 지키다.

독도 최초의 주민
최종덕이 살기 시작하다.

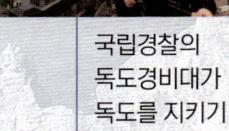

독도 어민들이 훈련 중이던
미국 공군의 총격으로 희생되다.

국립경찰의
독도경비대가
독도를 지키기
시작하다.

1900년 · 1945년 · 1948년 · 1951년 · 1953년 · 1954년 · 1956년 · 1962년 · 1980년 · 1982년

한국의 중앙정보부장 김종필과
일본 외상 오히라가 만났을 때,
일본 측이 독도를 차라리
폭파시켜 지구상에서 없앨 것을
비밀리에 제안하다.

우리나라가
일제로부터 해방되다.

독도 우표를
처음 발행하다.

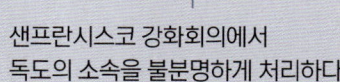
샌프란시스코 강화회의에서
독도의 소속을 불분명하게 처리하다.

'독도 해조류 번식지'를
천연기념물로 정하다.

- 1996년: 배를 댈 수 있는 접안 시설을 짓기 시작하다.
- 1997년
- 2000년: '독도리'를 처음으로 정하다.
- 2003년
- 2005년: 일본이 '다케시마의 날'을 선포하다.
- 2006년
- 2015년: 독도에 강치기념비가 세워지다.
- 2016년
- 2019년: 《독도강치 멸종사》가 출간되다.

독도에 우편번호 '799-805'가 생기다.

2006년: 경상북도의회가 최초로 독도에서 회의를 열다. 일본이 독도 주변의 해저 조사를 시도해 한일 간 긴장이 높아지다.

울릉도에 독도박물관을 세우다.

최초로 독도강치 멸종 특별 전시회(국립해양박물관)가 열리다.

왜 천천히 읽기를 해야 하는가?

'천천히 읽는 책'은 그동안 역사, 과학, 문학, 교육, 지리, 예술, 인물, 여행을 비롯해 다양한 주제와 소재를 다양한 방식으로 펴냈습니다. 왜 천천히 읽자고 하는지 궁금해하는 독자들이 있어서 몇 가지를 밝혀 둡니다.

- '천천히 읽는 책'은 말 그대로 독서 운동에서 '천천히 읽기'를 살리자는 마음을 담았습니다. 천천히 읽기는 '천천히 넓고 깊게 생각하면서 길게 읽자'는 독서 운동입니다.

- 독서 초기에는 쉽고 가벼운 책을 재미있게 읽을 수 있는 방법으로 시작해야겠지요. 그러나 독서에 계속 취미를 붙이기 위해서는 그 단계를 넘어서 책을 깊이 있게 긴 숨으로 읽는 즐거움을 느낄 수 있어야 합니다. 그래야 문해력이 발달합니다.

- 문해력이 발달하는 인지 발달 단계는 대체로 10세에서 15세 사이에 시작합니다. 음식을 천천히 씹으면서 맛을 음미하듯이 조금 어려운 책을 천천히 되씹어 읽으면서 지식을 넘어 새로운 지혜를 깨달을 수 있습니다.

- 독서 방법에는 다독, 정독, 심독이 있습니다. 천천히 읽기는 정독과 심독에서 꼭 필요한 독서 방법입니다. 빨리 많이 읽기는 지식을 엉성하게 쌓아 두기에 그칩니다. 지식을 내 것으로 소화하기 위해서는 정독이 필요하고, 지식을 넘어 지혜로 만들기 위해서는 심독이 필요합니다.

- 어린이들한테는 쉽고 가볍고 알록달록한 책만 주어야 한다고 생각하는 어른들이 있습니다. 그러나 독서력이 높은 아이들은 어렵고 딱딱한 책도 독서력이 낮은 어른들보다 잘 읽습니다. 그런 기쁨을 충족하지 못할 때 반대로 문해력도 발달하지 못하면서 책과 멀어지게 됩니다.

'천천히 읽는 책'은 독서력을 어느 정도 갖춘 10세 이상 어린이부터 청소년과 어른까지 읽는 책들입니다. 어린이, 청소년과 어른들(교사와 학부모)이 함께 천천히 읽으면서 이야기를 나눌 수 있는 읽기 자료가 되기를 바라는 마음에서 만들고 있습니다.